社会部指導集

社会で光る
「桜梅桃李」
の勝利劇を

池田大作先生ご夫妻

社会部の友に贈る

大いなる
希望を抱《いだ》きて
今日も　また
社会の長者《ちょうじゃ》と
指揮執《しきと》る誇《ほこ》りは

堂々《どうどう》と
また　晴《は》れ晴《ば》れと
この人生
勝ち抜け　断固《だんこ》と
王者の如《ごと》くに

人生の
勝利の戦士《せんし》は
朗《ほが》らかに
いかなる障害《しょうがい》
悠々《ゆうゆう》　乗り越え

社会部の皆様方の御一家の
御多幸と御健康を祈ります。
「社会部の発展」が「広宣流布の発展」なりと
私の心は、皆様方に最大の敬意を表します。
皆様方の勝利を真剣に祈り、題目を送り続けます。
「社会の柱」「広布の柱」「職場の柱」であられる
力ある、賢明な社会部の皆様　万歳！

二〇〇六年六月二十三日

負《ま》けるなと
断《だん》じて勝てよと
師の声は
弟子の我《われ》らの
命《いのち》に流れむ

断《だん》固《こ》して
この人生を
朗《ほが》らかに
家族と共《とも》に
同志の友らと

二〇〇四年九月十八日

ウオーターフロントにビル群が映える（2017年　東京　池田先生撮影）

実業家の松下幸之助氏との交友は20年をこえ、二人は人生論、経営論などをめぐって往復書簡集『人生問答』を発刊した（1983年11月　東京・聖教新聞社）

——松下（幸之助）さんの偉さは、苦労を苦労と思っておられないことだった。

困難があったから、それを乗り越えることによって進歩できたと、むしろ感謝しておられた。

私が苦労話に水を向けると、松下さんは遠慮《えんりょ》がちに、こう答えるのが常《つね》だった。

「いやいや、私は運がよかっただけです。『運がいい』と自分で決めておるんです。そう思っていると、開いていけるもんです」と。

本当の苦労人の言《げん》であった。

（池田大作著『交友録　新たなる世紀を拓く』から）

発刊に寄せて

池田　大作

我《われ》ら社会部は、誇《ほこ》り高き地涌《じゆ》の旗頭《はたがしら》である。
今日も「仏法即《そく》社会」の勇者として、妙法の旗を高らかに掲げゆくのだ。
我ら社会部は、聡明《そうめい》なる創価の大使である。
今日も「人の振《ふ》る舞《ま》い」の賢者《けんじゃ》として、誠実に信頼を広げゆくのだ。
我ら社会部は、恐れなき一騎当千《いっきとうせん》の世雄《せおう》である。
今日も「仏法勝負」の勝者として、新たな価値を創造しゆくのだ。

思えば、創価の父・牧口常三郎《まきぐちつねさぶろう》先生を、愛弟子《まなでし》・戸田城聖《とだじょうせい》先生は、まさに社会部の戦いで支《ささ》え抜《ぬ》かれた。恩師《おんし》・戸田先生の事業の苦境を、不《ふ》二《に》の私もまた、社会部の闘魂《とうこん》で断固と勝ち越え、広宣流布《こうせんるふ》の活路《かつろ》を開いた。創価の師弟の真髄《しんずい》には、社会部魂《だましい》が流れ通《かよ》っているのである。

私も妻も、名誉ある社会部の一員と自負《じふ》している。ゆえに、皆《みな》さんの尊《とうと》き挑戦と連帯を、毎日、合掌《がっしょう》して見守っている。

一人ひとりのたゆまぬ健闘に最敬礼《さいけいれい》しつつ、三つのエールを送りたい。

第一に、「わが職場を照《て》らす、人間革命の太陽たれ!」である。

私の胸に鮮《あざ》やかに蘇《よみがえ》る光景がある。七十年前の一九四九年(昭和二十四年)、私は戸田先生が経営する出版社に入社した。勇《いさ》んで初出勤したのは、正月の三日、朝八時であったと記憶する。昇《のぼ》りゆく旭日《きょくじつ》の如《ごと》く、「さあ、仕事をしよう！」と張り切って出発したあの息吹《いぶき》が、わが青春の原動力となったといってよい。

御本仏《ごほんぶつ》・日蓮大聖人《にちれんだいしょうにん》は、妙法《みょうほう》の偉大な力用《りきゆう》を譬《たと》えて、仰《おお》せになられた。

「日輪《にちりん》・東方《とうほう》の空《そら》に出《い》でさせ給《たま》へば南浮《なんぶ》の空・皆《みな》明《あきら》かなり大光《たいこう》を備《そな》へ給へる故《ゆえ》なり」（御書八八三ジペー）と。

この妙法の広大無辺《こうだいむへん》の大光は、どこか遠くにあるのではない。題目を唱えゆく、自分自身の胸中《きょうちゅう》に「今ここから」放《はな》ちゆけるのである。

若き日にビジネス誌《し》の記者として活躍した経験もある、世界的な経済学者ガルブレイス博士との交友《こうゆう》は忘れがたい。博士は語られていた。

「文明社会にとって、最も大切なものは何か。それは、他の人々、そして、人類全体に対して深い思いやりをもつ人間の存在です。他者《たしゃ》への思いやりこそ、人間を動かす最も大切な原動力である、と私は思っています」「社会のため」「人々のため」との大信念を燃やし、温かな心で太陽の仏法の熱と力を広げる社会部が、どれほどかけがえのない存在か。

いやまして「人間革命の太陽」と輝《かがや》き、「賢者《けんじゃ》と光らん　ともどもに」と、わが職場を「以信代慧《いしんだいえ》」「随縁真如《ずいえんしんにょ》の智《ち》」で、明るく賢《かしこ》く照らしていっていただきたい。

第二に、「共に励《はげ》まし合う、価値創造《かちそうぞう》のスクラムを！」である。

「現在のような情報時代にあっては、生産性の向上や革新《かくしん》は社内の従業員どうしの『価値創造ネットワーク』から生まれる場合が多い」(1)――これは、私が対談を重《かさ》ねた未来学者へイゼル・ヘンダーソン博士が、著作に記《しる》された洞察《どうさつ》である。

職場を向上させ、調和させ、前進させゆく「価値創造ネットワーク」こそ、創価の社会部の連帯に他《ほか》ならない。とりわけ、「如蓮華在水《にょれんげざいすい》」の尊《そん》貴《き》な女性社会部の皆さんの貢献《こうけん》に、私は妻といつも拍手《はくしゅ》を送っている。

牧口先生は、「価値創造」の「価値」として、「美《び》」「利《り》」「善《ぜん》」の三つを挙《あ》げられた。人間の生活する環境《かんきょう》、たとえば職場環境などを改善することも「美」の価値に通じよう。企業活動として「利」の価値を追求するのは言うまでもない。その上で「善」の価値の創造、すなわち人々の幸福、社会の繁栄《はんえい》、世界の平和のためという、確固たる「人間主義」が要請《ようせい》されるのだ。

大聖人は、社会部の先達《せんだつ》というべき四条金吾《しじょうきんご》のことを、「極《きわ》めて負《ま》けじ魂《だましい》の人であり、自分の味方《みかた》を大切にする人である」(御書九八六ジペー、通解)と讃《たた》えられた。創価の負けじ魂とは、内外の友を心広々《ひろびろ》と大切にし、一緒に苦難に立ち向かい、変毒為薬《へんどくいやく》していく心である。

わが社会部は、いずこにあっても勇気の励ましの声を響《ひび》かせて、仲良く麗《うるわ》しい価値創造のスクラムを一段と大きく、一段と大胆《だいたん》に拡大していくのだ。

第三に、「不屈《ふくつ》の楽観《らっかん》主義で、桜梅桃李《おうばいとうり》の勝利劇を!」と申し上げたい。

創価の哲学に深い期待を寄せてくださる、高名《こうめい》な心理学者チクセントミハイ博士は、成功を収《おさ》める各界のビジネスリーダーの特徴《とくちょう》を研究された。その第一の特質とは、「楽観主義」であったという。

博士によれば、楽観主義とは「未来について積極的でいる」姿勢《しせい》であり、「人には人生という舞台で演じるべき重要な役割があるという信念」に基《もと》づいている。そしてまた、「人生は機会と責任とをもたらす贈り物だという感覚」がある(2)というのである。

信心は、自他共《じたとも》の生命の無限の可能性を信じ抜く、究極《きゅうきょく》の楽観主義である。目先《めさき》の事象《じしょう》に一喜一憂《いっきいちゆう》して、自分を卑下《ひげ》することも、他人を羨《うらや》むことも、全《まった》く必要ない。

「御義口伝《おんぎくでん》」には、「桜梅桃李《おうばいとうり》の己己《ここ》の当体《とうたい》を改《あらた》めずして無作三身《むささんじん》と開《かい》見《けん》すれば是《こ》れ即《すなわ》ち量《りょう》の義《ぎ》なり」(御書七八四ページ)と明確に説《と》かれている。

桜も、梅も、桃も、李《すもも》も、それぞれの特質を改めることなく、本来のありのままの姿で咲《さ》き薫《かお》るように、私たちの生命は、どこまでも自分らしく伸びやかに、そして粘《ねば》り強く、時を待ち、時を創《つく》りながら、見事な花園《はなぞの》を必ず織《お》り成《な》していくことができる。そのための仏法である。

さあ！　わが職場こそ、人間革命のドラマの本舞台だ！

あなたには、あなたにしか果たせない大使命が断じてあるのだ！

不屈の楽観主義で、絶対勝利の大花《たいか》を咲き誇《ほこ》らせゆくのだ！

愛する社会部の皆さんの健康と活躍、幸福と栄光を強盛《ごうじょう》に祈りつつ。

この世にて
桜梅桃李《おうばいとうり》の
勝利劇

不二《ふに》の世雄《せおう》よ
愉快《ゆかい》に飾《かざ》れや

二〇一八年十月二十四日
社会部　結成四十五周年を祝して

（1）ヘイゼル・ヘンダーソン『〈片側経済〉との訣別』柴田譲治訳、バベルプレス
（2）チクセントミハイ『フロー体験とグッドビジネス――仕事と生きがい』大森弘監訳・有田健一訳、世界思想社を引用・参照

目次

ブックデザイン STORK

〈凡例〉

一、『社会で光る「桜梅桃李」の勝利劇を』は、池田大作先生の小説『新・人間革命』や『池田大作全集』『随筆　人間世紀の光』『随筆　栄光の朝』『御書と青年』『勝利の経典「御書」に学ぶ』ならびに「大白蓮華」等から抜粋し、収録したものです。

一、御書の御文は、『新編　日蓮大聖人御書全集』（創価学会版、第二七五刷）、法華経の経文は、『妙法蓮華経並開結』（創価学会版、第二刷）に基づき、（御書〇〇ページ）（法華経〇〇ページ）と示しました。

一、引用および参照した箇所には、番号を付け、編末に書籍名等を明記しました。

一、肩書、名称、時節等については、掲載時のままにしています。

挿画　内田健一郎

第1章

希望の灯台

皆が職場の第一人者に!

『新・人間革命』第24巻「灯台」の章(抜粋)

社会部は、職場、職域を同じくするメンバーが、互《たが》いに信仰と人格を磨《みが》き合い、共に職場の第一人者をめざし、成長していくことを目的に、結成された部である。その誕生は、オイルショックの引き金となった一九七三年(昭和四十八年)十月の、アラブ諸国とイスラエルが戦いに突入した第四次中東戦争の勃発《ぼっぱつ》から、十八日後の十月二十四日のことであった。

この日、東京・両国《りょうごく》の日大講堂《にちだいこうどう》で行われた十月度本部幹部会の席上、社会本部に、社会部、団地部、農村部（現在の農《のう》漁光部《ぎょこうぶ》）、専門部の四部の設置が発表されたのである。

団地部は団地に住む人びとの、農村部は農・漁業等に従事する人びとの組織である。専門部は専門的な技能・実力をもち、社会の中核として重責を担う人びとの集いである。いずれも、信心を根本に、社会、地域に貢献していくことをめざして設置されたものだ。

本来、仏法とは、人のため、社会のために尽くす、真の人間の道を示しているのだ。

社会部などが誕生した一九七三年（昭和四十八年）の十月度本部幹部会では、翌七四年（同四十九年）の学会のテーマを「社会の年」とし、仏法の法理《ほうり》を広く展開し、社会建設に取り組んでいくことが、満場一致で採択された。第四次中東戦争によって、石油価格は急上昇し、世界が不況の暗雲に覆《おお》

われようとしていた時のことである。

経済危機をもたらすのが人間ならば、その克服《こくふく》の道も、人間によって開かれるはずだ。

山本伸一《やまもとしんいち》の社会部への期待は、メンバー一人ひとりが、職場、社会の灯台となって、社会の繁栄と人びとの幸福のために、慈悲《じひ》と英知の光を放ってほしいということであった。

伸一は、不況が予測される時だからこそ、社会部の同志は、信仰で培《つちか》った力《ちから》を発揮し、なんとしても、試練を乗り越えていってほしかった。社会のテーマに、真っ向から挑《いど》み、活路を開き、人びとを勇気づけていくことこそ、仏法者の使命であるからだ。

「生きた哲学は今日《こんにち》の問題に答えなければならぬ」(1)とは、インドの初代首相を務めた、ネルーの言葉である。

社会部の結成によって、各職場や職域ごとに、懇談会等も活発に開催されるようになり、励ましのネットワークは、大きく広がっていったのである。

一九七四年（昭和四十九年）三月には、第一回社会部大会が、日大講堂《にちだいこうどう》で開催されている。

この時、伸一は、アメリカを訪問中であったが、祝福のメッセージを贈ったのだ。

「社会仏法、民衆仏法なるがゆえに、庶民がそれぞれの生活の場で、粘り強く改革運動を推進していくことこそ、仏法の本義であります。したがって、職域社会、地域社会の最前線で戦う皆様の姿こそ、『社会の年』の前駆《ぜんく》をなしているのであります。

どうか皆様一人ひとりが、人びとから好かれ、愛され、信頼されるリーダーとなってください。そして、未来にわたる広布の礎《いしずえ》を、盤石《ばんじゃく》なものとすべく、成長しゆかれんことを心

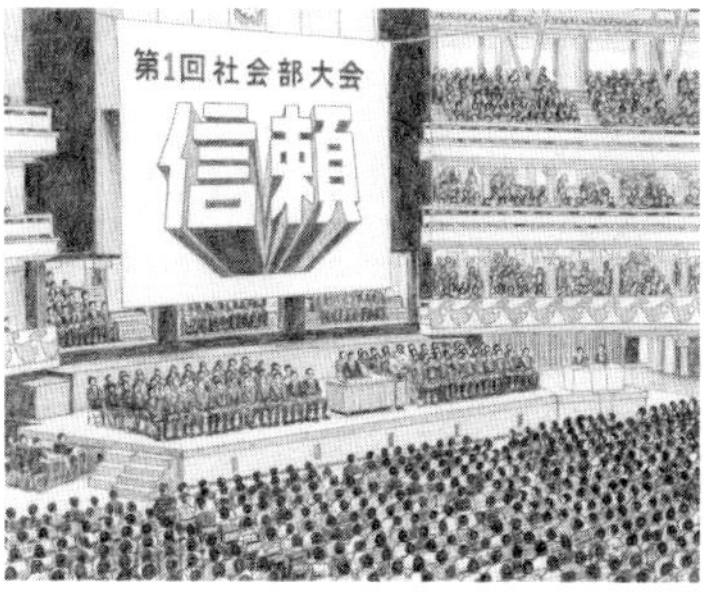

から祈っております」

伸一は、社会部のメンバーの激励に、常に心を砕《くだ》き続けてきた。

この年の十月上旬、聖教新聞の記者が、見出しの相談に来たことがあった。その紙面に、社会部のグループ長会が報道されるのを知ると、伸一は、自《みずか》ら見出しの案を示した。

「〝社会に根を張って初めて広布《こうふ》〟と」

そして、こう語るのであった。

「世間への執着《しゅうちゃく》を捨てて、仏門に入ることを『出世間《しゅっせけん》』というが、人びとを救うために広宣流布《こうせんるふ》をしていくには、さらに『出世間』を離れ、再び、世間という現実社会の真っただ中で、戦っていかなくてはならない。つまり、『出出世間《しゅっ》』だ。実は、そこに、本当の仏道修行があるんだ。だから、〝社会に根を張って初めて広布〟なんだよ」

この年は、職場ごとのグループ座談会も定着し、また、ホテル、デパートなど、職種別の大会も行われていった。

翌年の九月九日、伸一は、創価文化会館の地下一階集会室（地涌《じゆ》会館）で行われた社会部の合同グループ指導会に出席した。

彼は、三日前に出た都内の人材育成グループの会合で、一人の女子部員から、この社会部の指導会に出席してほしいと要請《ようせい》されたのである。伸一は、即決《そっけつ》した。

〝苦労に、苦労を重ねながら、社会の第一線で活躍するメンバーの集いである。皆のために、自分にできることは、なんでもしてあげたい〟というのが、彼の思いであった。

合同グループ指導会で伸一は、参加者と一緒に勤行《ごんぎょう》したあと、懇談的に話を進めた。

「世の中は、激動に激動を重ね、千変万化《せんぺんばんか》を遂《と》げていますが、妙法《みょうほう》だけは、信心だけは、何ものにも揺《ゆ》るがない、幸福への直道《じきどう》であります。ゆえに、皆さんは、将来、どんな立場、いかなる状況になろうとも、妙法から、また、学会から、生涯、離れることなく、広宣流布《こうせんるふ》の使命に生き抜いていただきたい。そこにのみ、最高の幸福境涯《きょうがい》の確立があるからです」

さらに彼は、「開目抄《かいもくしょう》」の「我《われ》日本の柱《はしら》とならむ我日本の眼目《がんもく》とならむ我日本の大船《たいせん》とならむ等とちかいし願《ねがい》やぶるべからず」(御書二三二ページ)の御文を拝《はい》し、確信をもって訴えていった。

「これは、日蓮大聖人《にちれんだいしょうにん》が、『私は、日本を支える精神の柱となろう。思想の正邪《せいじゃ》を見極《みきわ》める眼目となろう。一切衆生《いっさいしゅじょう》を幸福の楽土《らくど》へと運ぶ大船となろう――との誓願《せいがん》を破ることはない』と、断言されているところです。

その大聖人の門下である私どもも、社会の柱、眼目、大船でなければなりません。一人ひとりが、各職場にあって、その自覚で頑張り抜いていってほしいんです。

たとえ、立場は新入社員であっても、あるいは、決して、主要なポジションにいるわけではなくとも、〝自分が、この会社を守っていこう！　必ず発展させてみせる！　皆を幸福にしていこう！〟という自覚を忘れてはならない。それが、仏法者の生き方であり、学会の精神です。腰掛《こしか》け的な気持ちや、〝どうせ自分なんか取るに足らない存在なんだ〟という思いがあれば、本当にいい仕事はできません。

戸田《とだ》先生は、よく『ただ月給をもらえばよいというのでは、月給泥棒《どろぼう》だ。会社のために、自分はこう貢献したというものがあって、初めて、月給をもらう資格がある』と語っておられた。そして、『〝信心は一人前、仕事は三人前〟してこそ、本当の学会員だ』と厳しく指導されていた。

大聖人が『御《おん》みやづかい《仕官》を法華経《ほけきょう》とをぼしめせ』（御書一二九五ジペー）と仰《おお》せのように、自分の仕事を信心と思い、仏道修行と思って挑戦していくことです。限界の壁を破り、不可能を可能にするという学会の指導や活動の経験も、仕事に生かされなければ意味がありません」

伸一は、〝皆が職場の第一人者に！〟との祈りを込め、魂《たましい》をぶつける思いで語った。仏法は勝負である。ゆえに、社会で勝利の実証を示してこそ、その正義が証明されるのだ。


社会部の合同グループ指導会から一年五カ月後の、一九七七年（昭和五十二年）二月二日、創価文化会館内の広宣会館で開催された社会部の勤行《ごんぎょう》集会に、会長の山本伸一が姿を現した。予期せぬ会長の出席に、場内は大拍手と大歓声に包まれた。

　伸一は、この日、社会部のメンバーが、職場で勝ち抜いていくための要諦《ようてい》を、何点か、語っておこうと考えていた。

「わざわざおいでいただき、まことにご苦労様でございます。また、大変にありがとうございます。心より感謝申し上げます」

　伸一は、深く頭を下げた。それが、彼の、ありのままの気持ちであったのだ。集《つど》ったメンバーは、皆、懸命に仕事を追い込んで、駆《か》けつけて来ているに違いない。夕食を済《す》ませていない人もいよう。

　もちろん、参加者の側には、遅刻などしないようにさまざまに工夫《くふう》し、馳《は》せ参じるという自覚が大事である。法のために、求道心《きゅうどうしん》を燃え上がらせ、参加することが信心であり、その戦いのなかに、仏道修行もあるからだ。

しかし、会合を主催する側は、皆が万障繰《ばんしょうく》り合わせて出席してくださることを、〝当然だ〟などと考えては絶対にならない。まず、その信心に敬意を表して、心から賞讃《しょうさん》し、ねぎらいの言葉をかけることである。

また、開催した側には、集《つど》ってくださった方々が、〝本当に来てよかった。心底《しんそこ》、感動した〟〝生命が覚醒《かくせい》した思いがする〟と感じる、会合にしていく責任と義務がある。

伸一は、以前、出版社に勤務する青年と懇談した折、人気の高い作家などの講演料が話題になった。五十万円ぐらいのことが多いと聞くと、伸一は言った。

「それは、数百人分の残業代に相当する。学会の会合参加者には、残業の時間をやりくりして来られる方も多い。それだけに、一流の文化人の講演以上にすばらしい、感動的な内容の会合にしなければ、申し訳ないことになる」

幹部の話は、確信にあふれ、〝なるほど〟と頷《うなず》けるものがあり、歓喜と感動を呼び起こすものでなければならない。

会合で、何を、どう話すか——伸一も、青年時代から、真剣に悩み、考えてきた。

新鮮で説得力のある話をしようと、懸命に読書を重ね、新しい知識や先人の格言などを通して、信心の在り方を訴える努力もした。

また、自《みずか》らの実感に裏打ちされた言葉で語るために、いかなる活動も、率先垂範《そっせんすいはん》で戦ってきた。創価の父・牧口常三郎《まきぐちつねさぶろう》は、「体験のない指導というものは観念論になってしまう」と、よく語っていたという。

実践あるところにはドラマがある。ドラマがあるところに感動が生まれる。当然、失敗もあろう。それでも、めげずに挑《いど》み抜いた体験にこそ、共感が広がるのだ。苦闘を勝ち越えた体験談は、〝自分には、とてもできない。もう無理だ！〟と弱気になっている同志の、心の壁を打ち破る勇気の起爆剤《きばくざい》となる。

また、伸一が信条としてきたのは、戸田城聖《とだじょうせい》の指導を語ることであった。師の指導を伝え、それを皆が生命に刻み、共有していくなかで、広宣流布《こうせんるふ》の呼吸を合わせていくことができるからだ。さらに彼は、〝戸田先生は、いかなる思いで、広宣流布の戦いに身を投じられ、どれほど、一人ひとりの同志に慈愛《じあい》を注《そそ》いでおられるか〟という、師の心を訴えてきた。

広宣流布の師の指導と心を知り、行動する時、勇気が、歓喜が、生命力が、沸々《ふつふつ》とたぎり立つ——それは、伸一自身が、常に体験し、強く実感してきたことであった。

ともあれ彼は、一回一回の会合に、〝戸田先生に代わって、全参加者を励まし、希望と勇気と確信を与えよう。奮《ふる》い立たせずにはおくものか！〟との決意で、真剣勝負で臨《のぞ》んできたのである。その姿勢は、青年時代から一貫していた。

社会部の勤行《ごんぎょう》集会で、伸一は、広宣流布といっても、自分の足元を固めていくことが重要であると訴えた。

「足元を固めるというのは、具体的に言えば、平凡《へいぼん》なようですが、まず、健康であるということです。人間として、社会人として、最も大事なものは、自身の生命です。したがって、どうか、お体を大切にしていただきたい。健康管理をし、事前に病《やまい》を防ぐという姿にこそ、信心の智慧《ちえ》があるんです」

健康の維持は、社会で勝利するための、大事な要件である。いつも、生命力にあふれ、はつらつとしていてこそ、力の限り、働くこともできるし、職場を守り支えていくことも

できるからだ。

仏法は道理である。暴飲暴食《ぼういんぼうしょく》、睡眠不足、過労《かろう》などが続けば、どこかに支障をきたし、病《やまい》にかかったり、事故を起こしたりしかねない。そうならないために、さまざまに工夫《くふう》し、価値的な生き方をしていくことが、仏法者の姿といってよい。

規則正しい生活をし、さわやかで張りのある勤行《ごんぎょう》をし、生命力を満々とたたえて、職場、地域で活躍していくのだ。

次に伸一は、家庭の大切さに言及した。家庭が盤石《ばんじゃく》であってこそ、職場でも、安心して力を発揮していくことができるからだ。

また、人間の幸せといっても、家庭など、身近なところにある。さらに、後継者を育て上げていくうえでも、最も重要なのは家庭教育である。立派な、模範の家庭を築いていくことは、地域広布の灯台をつくることにもなる。

ここで彼は、職場の勝利者をめざすうえでの、仏法者の姿勢について語った。

「職場にあって、第一人者になるためには、まず、信心をしているからなんとかなるだろうという考えを、徹底して排《はい》していくことです。そうした考えは、『仕事を信心ととらえて頑張りなさい』という大聖人の御指導に反する我見《がけん》であり、慢心《まんしん》の表れです。正しい信心とは、最高の良識であることを銘記《めいき》していただきたい」

仏法は生活法である。社会にあって信頼を勝ち得《え》、職場で勝利の実証を打ち立てていくことが、そのまま人生の勝利へ、仏法の勝利へとつながっていくのだ。したがって、社会で、はつらつと、縦横無尽《じゅうおうむじん》に活躍していくことが大切なのである。

伸一は、包み込むように語りかけた。

「社会では、さまざまな付き合いや、他宗の儀式《ぎしき》の場に参加しなければならないこともあるでしょう。その場合、窮屈《きゅうくつ》に考え、自分を縛《しば》るのではなく、賢明に、広々とした心で、人間の絆《きずな》を結んでいくことが大事です。日蓮仏法は、人間のための宗教なんです。

信心をしているからといって、社会と垣根《かきね》をつくり、偏狭《へんきょう》になってはいけません。また、信心のことで、家庭や職場で争ったりする必要もありません。それでは、あまりにも愚《おろ》かです。長い目で見て、家族も、職場の人びとも、温かく包み込みながら、皆を幸せにしていくのが、仏法者の生き方です」

日蓮教団は、ともすれば、排他的《はいたてき》、独善的《どくぜんてき》で、過激な集団ととらえられてきた。事実、日蓮主義を名乗り、テロなどに結びついていった団体もあった。それは、万人《ばんにん》に「仏」を見て、万人の幸福を実現せんとした、日蓮大聖人の御精神を踏みにじる暴挙《ぼうきょ》である。そこには、社会を大切にしていくという「仏法即《そく》社会」の視座《しざ》の欠落《けつらく》がある。

伸一は、最後に、「常識を大切に」と訴えていった。

「非常識な言動で、周囲の顰蹙《ひんしゅく》を買う人を見ていると、そこには共通項があります。

一瞬だけ激しく、華々《はなばな》しく信心に励むが、すぐに投げ出してしまう、いわゆる〝火の信心〟をしている人が多い。信仰の要諦《ようてい》は、大聖人が『受《う》くるは・やすく持《たも》つはかたし・さる間《あいだ》・成仏《じょうぶつ》は持つにあり』（御書一一三六ジペー）と仰《おお》せのように、持続にあります。

職場、地域にあって、忍耐強く、信頼の輪を広げていく漸《ぜん》進的《しんてき》な歩みのなかに、広宣流布《こうせんるふ》はある。いわば、常識ある振る舞いこそが、信心であることを知ってください」

社会部の勤行《ごんぎょう》集会は、皆が職場の勝利者をめざす決意を、一段と固め合う集いとなった。

ある大手デパートの美術品部門で働く女子部員の代田裕子《しろたゆうこ》は、〝職場で勝利の実証を示し、山本先生に報告できる自分になろう〟と、心に誓った。

彼女は、入社以来、仕事と信心についての、伸一の指導を糧《かて》に、直面する困難を、一つ一つ乗り越えてきた。

代田が入社して担当したのは、美術サロンに来る人を応対する仕事であった。一日中、立ち続け、にこやかに迎えなければならない。最初は、この会社に就職できたこと自体が功徳《くどく》であると感じ、喜びがあった。しかし、日々、何時間も、きちんと背筋《せすじ》を伸ばして、立っていなければならない仕事が、次第に苦痛に感じられるようになっていった。

その時、学会の先輩から、「職場の第一人者に」という、伸一の指導を聞かされた。

〝ただ立っていることが仕事のような職場で、第一人者になるというのは、具体的にどうすることなのだろうか……〟

考え、祈った。あることに気づいた。

〝立つことは、誰にでもできる。しかし、私は、立つことが仕事だ。それなら、プロの立ち方をする必要がある。一番、美しく、お客様に好感《こうかん》をもたれる立ち方があるはずだ〟

代田は、最高の立ち方を考え、工夫《くふう》を重ねていった。そのなかで、すべてにおいて、何かに寄りかかろうとするのではなく、自分の足で、きちんと立とうとすることが、人生の基本であることに気づいた。

それが、一つ一つの物事への、自分の取り組み方を振り返る契機《けいき》となっていった。

その後、美術・工芸品の管理の仕事を担当した。高価な美術・工芸品を、傷がつかないように、汚《よご》れないように、ただ、ひたすら磨《みが》くことが、彼女に与えられた業務だった。

〝この仕事にも、きっと、何か大きな意味があるはずだ〟

そう確信し、唱題を重ねた。そして、山本伸一の「仕事を仏道修行であると思って、自分を磨いていくのだ」との指導を、何度も噛《か》み締《し》めてきた。

ある時、職場の上司が、彼女に語った。

「ヨーロッパの貴族のなかには、本当に大切な工芸品などは、誰にも触《さわ》らせず、自分で楽しみながら磨くという人もいる。君は、それと同じ仕事をしているんだよ」

〝そうなのか〟と思うと、心に余裕と喜びが生まれた。

仕事をどうとらえるかで、仕事に対する姿勢も、意欲も、全《まった》く異《こと》なってくる。単調で、つまらないと思える仕事であっても、そこに豊かな意味を見いだしていくところから、価値の創造は始まる。

代田は、喜々として作業に励みながら、深く心に誓った。

〝仕事は、ただ、給料をもらうためだけにするのではない。職場は、自分を輝かせる人間修行の道場なのだ。たとえ、任《まか》された仕事が、お茶を入れたり、アシスタント的なものであっても、結婚までの腰掛《こしか》け的な気持ちでいたのでは、職業人としての成長はない。どんな仕事でも、なくてはならない大事なものだ。

それを完璧《かんぺき》にこなしていくには、努力、創意《そうい》、工夫《くふう》が必要だ。もし、お茶を入れることが仕事なら、そのプロになろう。コピーをとることが仕事なら、そのプロになろう。

コピー一枚とるにも、その人の仕事への姿勢が表れるし、真心も投影《とうえい》される。周囲は、学会員である自分を見ている。

つまり、誠実にコピー一枚とる姿にも、広宣流布《こうせんるふ》があるのだ。どんな立場であれ、職場の第一人者になろう。それが、学会員として、山本先生にお応《こた》えする道ではないか！〟

代田は、美術・工芸品を、大切に、懸命に、心を込めて磨《みが》き続けた。そして、何年かが過ぎ、気がつくと、さまざまな美術・工芸品の良否《りょうひ》を見極《みきわ》める目が磨かれていたのだ。

そんな彼女の姿を、職場の上司や周囲の人たちは、じっと見ていた。

人は、往々《おうおう》にして、自分を見ている周囲の視線に気づかぬものだ。また、手抜きをしても、要領《ようりょう》よく立ち回れば、うまくいくかのように思ってしまう人もいる。だが、それは、浅はか極《きわ》まりない考えである。信頼という、人間として、社会人として、最も大切な宝を自《みずか》ら捨て去ってしまうことになるからだ。

社会部の勤行集会《ごんぎょう》から二年後の一九七九年（昭和五十四年）、代田は、〝ショップマスター〟に抜擢《ばってき》された。クラシックな調度品やアクセサリーなどを扱う部門の、男女七人のリーダーである。しかも、販売だけでなく、仕入《しい》れ、企画、宣伝なども、すべてを担当することになったのである。

彼女は、そこで実績を挙《あ》げ、さらに、大事なポジションを任《まか》されていくことになる。

社会部員の活躍は目覚ましく、満天の星のごとく、人材が育っていた。

東京の半導体メーカーに勤める中山勇《なかやまいさむ》は、経理部門の中核として重要な責任を担っていた。彼は、高校の普通科出身で、経理の経験は全《まった》くなかった。六四年（同三十九年）にこの会社に入社し、配属になったのは、工場での材料製造だった。

時代は、次第に高学歴化しつつあった。どうすれば、自分が職場で力を発揮することができるのか——彼は悩んだ。

男子部の第一線で活動に励む中山は、山本伸一が青年時代、戸田城聖の事業が窮地《きゅうち》に陥《おちい》った時も、青年部の室長として多忙極《きわ》まりない時も、徹して読書に励み、勉強し抜いたことを、学会の先輩から聞かされていた。

〝ぼくは、まだ若い。勝負は、これからだ。山本先生のように懸命に勉強しよう〟

そして、将来、会社を支えていくには、経済の動向を見極める目をもつとともに、経理の実務にも精通することが大事だと考え、経理の専門学校の夜学に通い始めた。

未来を担《にな》おうとするなら、未来を見すえ、不断《ふだん》の努力を重ねていくことだ。

彼は、経理の専門学校に通い始めたものの、経理の知識が皆無《かいむ》なため、戸惑《とまど》うことばかりであった。夜学で机を並べる人の多くは、税理士や公認会計士をめざす、三十代、四十代の人たちである。最初は、とても、ついていけそうもないと思った。彼は、自分を叱咤《しった》した。

〝今からあきらめてどうするんだ！　ぼくは、学会の男子部じゃないか！　山本先生の弟子じゃないか！〟

中山は、学会活動も一歩も引くまいと思った。平日は毎日、午後五時に退社すると、専門学校に駆《か》けつけた。六時から三時間、経理をはじめ、経済、税務などを学び、それから男子部員の激励に回った。苦闘あってこそ、人生の大成《たいせい》はある。

中山が経理の勉強をしていることは、上司の耳にも入っていた。やがて彼は、人事で工場から経理部門に異動した。会

若き日の山本伸一

社は、経理のできる人材を嘱望《しょくぼう》していたのだ。

彼の向上心は、勢いを増した。単に経理にとどまらず、どうすれば、同業他社と比べて、企業の安全性、収益性、発展性が図《はか》れるかなど、いろいろな角度から勉強を重ねた。

学会では、常に「青年が一切の責任を担って立て」と指導され、さまざまな運営を任《まか》され、訓練されてきた。全体観に立って物事を進めていくことも、教育されてきた。職場でも、その訓練と教育が生かされていった。

一九七一年（昭和四十六年）、中山は、二十六歳の若さで、経営管理室の係長になったのである。学会活動を通しての人間陶冶《とうや》の力《ちから》を、彼は痛感するのであった。

そして、七七年（同五十二年）二月二日の社会部の勤行《ごんぎょう》集会で、さらに、職場の第一人者になることを、深く決意したのだ。

この勤行集会からほどなく、中山は、三十二歳で経理課長となっている。

智慧《ちえ》の眼《まなこ》を開き、新しい視点で物事を見る時、新しい世界が開かれる。この智慧の眼を開く力こそ、仏法である。

中山は、経理という仕事を、単に数字を扱《あつか》う事務作業とは考えず、経営管理ととらえていた。その視点で数字を見ると、会社の問題点もわかり、未来も予測できた。

彼は、自分が、この会社の責任者であるとの思いで、仕事に臨《のぞ》んだ。会社という組織の歯車であるなどという考えは捨てた。そうした考えでは、自分の思考を狭《せま》くし、全体観に立った責任ある仕事はできないからだ。

中山は、独学でコンピューターの勉強も始めた。近い将来、コンピューター時代が到来すると確信しての、自己研鑽《けんさん》であった。

その後、中山の会社も、コンピューター導入に踏み切る。彼が着実に重ねてきた研鑽《けんさん》が、大きく役立ったのである。さらに後年、彼は、役員に就任することになる。

アメリカのケネディ大統領は「過去だけをたよりにする人々は、必ず未来を見落とすことになる」[2]と指摘していた。いわば、時代の流れを読む目を培《つちか》い、変化を先取りしていくことだ。それには、情報の収集や新しい知識の習得を絶えず心がけ、勉強を重ねていくことも必要である。

現状に甘んじ、勉強を怠《おこた》れば、職場で勝利の旗を掲げ抜くことはできない。社会に出れば、学生時代以上に勉強が求められる。日々努力、日々研鑽、日々工夫《くふう》なのだ。

そして、その根底には、確固たる経営の理念、生き方の哲学がなければならない。そうでなければ、時流に踊らされ、流されていってしまうことになりかねないからだ。

日本は、一九八〇年代後半から九〇年代初頭にかけて、「バブル」の時代が訪れる。本業を忘れ、株や土地の買い占めに走った企業も少なくなかった。しかし、やがて、株価や地価は暴落《ぼうらく》する。もともと投機《とうき》によって生じた、実体経済とは異なる景気である。瞬《また》く間に経済は崩壊《ほうかい》を招き、企業の多くが、大打撃を受けたのである。

山本伸一が出席しての社会部勤行《ごんぎょう》集会は、社会部員の自覚を一段と深めた。職場ごとのグループ座談会にも力がこもった。また、彼の指導は、各企業等で働く学会員に、大きな勇気の光源《こうげん》となった。

大路直行《おおじなおゆき》は、大手自動車販売会社の、都心にある営業所に勤める青年であった。入社二年を迎えようとしていたが、売り上げは営業所で最下位で、大きな壁に突き当たっていた。

上司からは、毎日のように叱咤《しった》され、日々、悶々《もんもん》としていた。

〝転職した方がいいのかもしれない……〟

そう思い悩んでいた時、彼は、聖教新聞で、社会部勤行《ごんぎょう》集会での山本会長の指導を目にした。〝自分も職場の勝利者にならなければ……〟と思い、男子部の先輩に指導を求めた。

その先輩は、自動車のセールスマンをしている、同じ区内に住む壮年部の工藤重男《くどうしげお》を紹介してくれた。

「工藤さんは、四十代半《なか》ばで、大ブロック長をしている。営業成績は常に全社でトップクラスのセールスマンだよ。仕事上のことは、相談してみるといい」

数日後、大路は、近くの会館に来ていた工藤を訪ねた。工藤は、どちらかといえば、身なりも地味で、素朴《そぼく》な印象を受けた。そして、温かさと誠実さが感じられる人であった。

大路は、自分の悩みを打ち明けた。

「そうですか。今が難所《なんしょ》ですね。でも、焦《あせ》って、自分を追い込んじゃだめですよ。車を売ることは、もちろん大事ですが、売れなくて怒《おこ》られても、めげないことの方が、もっと大事なんです。これからなんですから。

営業成績が好調で、意気揚々《いきようよう》としている社員は、たくさんいます。しかし、売れなければ、たいてい、くよくよして、〝辞《や》めようか〟などと考えてしまう。だから、最悪な状況でも落ち込まずに、元気でいる社員の方が、すばらしいのではないかと思っているんです」

こう言って工藤は、ニコッと笑った。

「実はね、成績不振の時、私は、そう自分に言い聞かせてきたんですよ」

工藤は、自分の体験をもとに、セールスの基本姿勢について語った。

「私は、セールスの基本は、一人の人間として、お客様の信頼を勝ち取ることだと思っているんです。そのために、〝このお客様のために何ができるか。どんな力になれるのか〟を、いつも考えるようにしています。

たとえば、車を売ったら、売りっ放しにするのではなく、その後も、必ず訪問し、車の調子をはじめ、何か不都合なことはないかなど、伺《うかが》うようにしてきました。

足しげく訪問するうちに、お客様は、次第に、さまざまな相談をしてくださるようになります。『家を改修したいけど、いい業者はいないか』とか、『糖尿病《とうにょうびょう》の名医を紹介してほしい』とか、いろいろです。私は、精いっぱい、お世話をさせていただきます。

そうしたなかで、私を信頼し、車を買い替える時は、必ず声をかけてくださる方が、かなりおります。また、新しいお客様も紹介してくださいます。結局、お客様に助けられてきたというのが実感なんですよ」

それから、工藤は、営業に当たっては、勇気と粘り強さが大事であることを訴えた。

「まず必要なのは、どんなところでも、ぶつかっていこうという勇気ですね。それがないと、新規開拓はできず、やがて、行き詰まってしまいます。また、最初は、けんもほろろな応対をされることもあります。しかし、それでもあきらめずに、二度、三度と、顔を出し、話をしていくことです。粘りです。断られてからが戦いなんです。

私は、仕事は、足で稼《かせ》ぐものだと思っています。成績がなかなか伸びずにいた時、こう決意したんです。

〝自分には、卓越《たくえつ》した能力なんてない。それなら、努力し

社会部のグループ座談会

かないじゃないか。訪問軒数にしても、人が八十軒回ったら、私は百軒回ろう。人が百軒回ったら百五十軒回ろう。そして、ただ、ただ、誠実に応対していこう〟

あえて言えば、これが私の指針なんです」

大路は、工藤の話を聞いて、仕事に対する自分の甘さを痛感した。考えてみれば、営業で一日に回る訪問軒数も、たいてい五、六十軒で終わっている。また、訪問して、すげなく断られたりすれば、脈はないものと考え、二度と行こうとはしなかった。〝自分は、挑戦せずして負けていたのだ〟と思った。

工藤は、大路の顔に視線を注《そそ》いで言った。

「大路さん、少し疲れていますね。山本先生は、社会で活躍するには、健康、生命力が大切であると指導されています よ。断られてもめげずに、もう一軒、もう一軒と挑戦していくには、生命力が必要です。

また、こちらが元気で、はつらつとしていなければ、商品に対して、お客様に夢を感じていただくことはできません。

私は、セールスというのは『生命と生命の共鳴《きょうめい》』によって成り立つものであると思っています。

ですから、強い生命力を涌現《ゆげん》させるために、何があっても、『題目第一』に徹しているんです。私は、特に、朝の唱題に勝負をかけています。〝今日《きょう》も、必ず勝たせてください。いや、勝ちます！〟と、真剣に祈るところから一日が始まります。

実は、私の仕事への取り組み方は、全部、学会活動のなかで教わったものなんですよ。学会の指導通りにやれば、皆、必ず職場の勝利者になれますよ」

大路は、自分に何が欠けていたのかが、痛いほどよくわかった。彼は奮起した。自分も「題目第一」「努力第一」でいこうと決めた。

この月、大路は、車二台を売り上げた。翌月は五台、翌々月は八台と、不振を脱し、年末には、実績が評価され、職場で表彰されるまでになったのである。


社会部の多くのメンバーが課題としていたのが、仕事と学会活動の両立であった。

夜間の勤務で、会合等への参加が難しい職種もあった。また、職場での責任が重くなればなるほど、時間的な制約も多くなるのが常である。

後に大手スーパーの常務取締役となる波《は》留《る》徳一《よしかず》も、仕事と学会活動の両立で、苦闘し続けてきた一人であった。

山本伸一が出席して、社会部の勤行《ごんぎょう》集会が行われた一九七七年（昭和五十二年）二月、三十九歳の波留は、大手スーパーの店舗施設部長代理の要職にあり、学会にあっては、名古屋市南区の区長として活動の先頭に立っていた。

各スーパーは、店舗数の拡大に乗り出し、熾烈《しれつ》な競争が展開されていた時である。店のイメージが、売り上げを大きく左右する。波留は、店舗の設計、建設、インテリアなどの責任を担《にな》っていたのである。

彼は、デザイン会社に勤務していた六一年（同三十六年）に福岡で入会。やがて名古屋に移り、スーパー業界に飛び込んだ。急成長を遂《と》げる業界にあって、生命線を握《にぎ》る出店の仕事に従事した彼は、多忙さに流され、信仰の世界から遠ざかっていった。

波留は、随所で行き詰まりを感じ始めた。

店舗づくりのアイデアの枯渇《こかつ》、自信喪失《そうしつ》、心身の疲弊《ひへい》、仕

事への意欲も失っていった。

その苦しさを紛《まぎ》らすために酒に溺《おぼ》れた。体調も崩し、円形脱毛症《だつもうしょう》にもなっていた。妻との喧嘩《けんか》も絶えなかった。迷路《めいろ》をさまようような日々が続いた。

そんな彼のもとに、男子部の先輩が、何度も、何度も、足を運んでくれた。

先輩は、「天晴《てんは》れぬれば地明《ちあきら》かなり法華《ほっけ》を識《し》る者は世法《せほう》を得可《うべ》きか」（御書二五四ジペー）との御聖訓《ごせいくん》を引いて訴えた。

「この御文《ごもん》は、『天が晴れるならば、大地は自然に明るくなる。同様に法華を識《し》る者、つまり、妙法という一切の根源《こんげん》の法を体現《たいげん》された大聖人は、世の中の事象《じしょう》も、当然、明らかに知ることができる』という意味だよ。

『天が晴れる』というのは、ぼくらの立場で言うならば、一点の曇りもない、強盛《ごうじょう》な信心だ。強い信心に立てば、『大地』すなわち仕事も含めた生活の面でも、おのずから勝利していくことができる。だから、もう一度、信心で立ち上がるんだよ」

波留は、学会の先輩の激励に、〝よし、もう一度、本気になって信心してみよう〟と思った。時間をこじ開《あ》けるようにして唱題に励み、学会活動に飛び出した。広宣流布の使命に目覚めると、歓喜があふれ、仕事への挑戦の意欲がみなぎった。自信も取り戻した。

彼は、一九六七年（昭和四十二年）には、男子部の地区の責任者である隊長となった。仕事は、残業に次ぐ残業の連続である。学会の組織での責任もある。しかし、そのなかで、波留は固く決意する。

〝信心は、一歩たりとも引くものか！〟

大切なのは、一念である。心を定めることである。決意が固まらなければ、戦わずして敗《やぶ》れることになる。

彼は、活動に参加できず、悩みを抱えて悶々《もんもん》としている青年たちを、一人、また一人と立ち上がらせていった。弘教《ぐきょう》も次々と実らせた。

仕事は、ますます増えていったが、学会活動を優先させた。〝信心していれば、仕事の面でも守られる!〟という確信があったからだ。だが、それが、いつの間にか、甘え、油断となり、仕事が疎《おろそ》かになっていった。

遂《つい》に、ある時、上司から、「仕事と信心と、どっちが大事なんだ!」と叱責《しっせき》された。

〝これでは、いけない! 周囲の人たちは自分の姿を通し、創価学会を見ているんだ〟

「信心第一、仕事も第一」と決めた。両立への本格的な挑戦が始まった。

店舗の改装工事は、スーパーの定休日に行う。皆が休んでいる時も、波留は改装の現場に出かけ、業者と意見交換し、一緒に作業に汗を流した。改装資材のベニヤ板の上で仮眠を取って、泊まり込みで仕事を続けたこともあった。

学会活動に参加しても、深夜には、仕事に戻った。また、夜更《よふ》けて、連絡事項や激励の言葉を書いた手紙を、メンバーの家のポストに入れてくることもあった。

〝無理だ！〟と思えても、やり切ろうという執念を燃やす時、新たな工夫《くふう》が生まれる。

情熱を傾け、奮闘する青年には、生命の輝きがある。その光彩《こうさい》が、人を引き付ける。

仕事に、学会活動に、懸命に頑張る波留を見て、学会の組織では後輩たちが立ち上がり、団結して活動を進めてくれた。また、教学試験が近づくと、壮年部の幹部が、個人教授をしてくれた。

仕事でも、下請《したう》け業者や関係者が、彼のために協力態勢をつくり、支えてくれたのだ。

「波留さんは、あそこまで一人で頑張っている。なかなかできることじゃない。わしらも、多少、無理な仕事でも、引き受けようじゃないか！」

ありがたい言葉であった。諸天善神《しょてんぜんじん》が動き、自分は守られているのだと感じた。

波留は、自分の力を、もっと学会のため、広宣流布のために役立てたいと、男子部の設営グループ（現在の「中部炎《ほのお》の会」）のメンバーになった。デザイン会社に勤務した経験もあり、店舗の室内装飾のデザインも手がけているだけに、彼の存在は大きな力となった。各種幹部会の字幕のデザインや、文化祭などの設営に取り組んでいった。

設営メンバーは、皆、仕事や学会活動を終えてから駆《か》けつけ、黙々と作業に励んでいた。裏方に徹し、大きな行事を支える同志の姿に、波留は、学会精神を学んだ。

その精神を、彼は、職場でも発揮した。自分が表に出るのではなく、陰の力として皆を支えることを、信条としていった。

波留は、職場では、係長、課長と昇進し、店舗開発を一手に任されるようになっていったのである。そして、部長、取締役を歴任し、一九九三年（平成五年）には、常務取締役になっていく。

「職場の勝利者に」――それは、既に創価学会の伝統となった。仏法即《そく》社会なれば、そこに、仏法の勝利があり、人間の勝利があるのだ。その先駆にして模範が社会部のメンバーである。社会部員による「信頼の柱《はしら》」の林立《りんりつ》こそ、人間宗教

の新しき時代を築く、確固不動な「黄金の柱」となるのだ。

（1）「第一章　アフマッドナガル要塞」飯塚浩二訳、ネルー『インドの発見　上』所収、岩波書店。新字体に改めた。

（2）高村暢児編『絶叫するケネディ』学習研究社

わが社会部の友に贈る——

乱世に勝て 価値創造の王者

「随筆 人間世紀の光」二〇〇四年一月十三日

広布とは
　社会に働く
　　人びとが
　幸福《さち》を勝ち取る
　　舞台なるかな

新しき一年の回転は勢いよく始まった。
誰もが希望の曙光《しょこう》を願いながら、今なお厳しき不況の荒波に向かって、日々の挑戦と格闘を開始した。

そのなかで、わが社会部の同志の奮闘は、希望の灯台の如《ごと》く光っている。

皆様の尊き活躍に、私は、いつも涙する思いである。

思えば、社会部が誕生したのは、一九七三年（昭和四十八年）の十月二十四日のことである。翌年を「社会の年」と銘打《めいう》って前進することを発表した、本部幹部会の席上であった。

当時、第四次中東戦争によるオイルショックで、成長を続けていた日本経済は、深刻な危機に陥《おちい》っていった。この時、私は決意した。

――「一切世間《いっさいせけん》の治生産業《ちせいさんぎょう》は皆《みな》実相《じっそう》と相違背《あいいはい》せず」（御書一二九五ページ）と仏典に説かれる通り、仏法は即《そく》社会であり、社会は即仏法だ。社会での価値創造なくして仏法はない。今こそ信仰で培《つちか》った英知と勇気の光をもって社会を照らしゆこう、と。

そして、その柱《はしら》の存在として、社会の第一線で健闘する同志と共に、誇りも高く社会部を結成したのである。

以来、社会部は三十年の黄金の年輪を刻んだ。メンバーの実績は目覚ましい。

ある友は、業界のトップ・セールスマンとして、職場の模範と仰《あお》がれている。

ある友は、斬新《ざんしん》なアイデアを駆使《くし》し、会社の経営危機を乗り越える原動力となった。

ある友は、社内にあって、皆の良き依怙《えこ》依託《えたく》となり、信頼の輪を広げている。

専門部の皆様の、深き責任感と誠実一路の活躍も、よく伺《うかが》っている。

そして仕事が多忙を極めるなか、時間をこじ開け、学会活動の最前線に立ち、地域のため、広布のために、力の限り走り抜く尊き姿よ。

なんと頼もしい心か！

なんと麗《うるわ》しい団結か！

なんと神々《こうごう》しき闘争か！

私はそこに、釈尊《しゃくそん》、そして大聖人《だいしょうにん》が示された「世雄《せおう》」という仏の一つの実像を見る。

嬉《うれ》しいことに、社会部でも青年が陸続と育っている。

私も、二十一歳で戸田《とだ》先生の経営する出版社に勤めた。一九四九年（昭和二十四年）、戦後の混乱が続く激動の時代であった。

先生は常々、言われていた。

「信心は一人前、仕事は三人前頑張るんだ」

それは、仕事に取り組む根本の姿勢を、簡潔に教えられた深き哲学でもあった。

「一人前」の仕事でよしとすれば、自分に与えられた仕事だけをこなせばよいという無責任な〝雇《やと》われ根性〟になりかねない。先生は、それを厳しく戒《いまし》められたのだ。

大きな仕事を成し遂《と》げるには、自分だけでなく、周囲にも目を配り、皆の仕事がうまくいくように心を砕《くだ》くことが大切である。また、後輩も育て上げなければならない。

さらに全体観に立ち、未来を見すえ、仕事の革新、向上に取り組むことも望まれる。

戸田先生は、その仕事への姿勢を、「三人前」と表現されたのであった。

そして「信心は一人前」とは、広宣流布をわが使命と定め、決然と「一人立つ」ことだと教えられた。決定《けつじょう》した、この「一人前」の信心があってこそ、「三人前」といえる堂々たる仕事を成し遂げ、職場に勝利の旗を打ち立てることができる。

「仏法は体《たい》のごとし世間《せけん》はかげのごとし体曲《たいまが》れば影《かげ》ななめなり」（御書九九二ジペー）と仰《おお》

せの通りだ。

トルストイは叫んだ。

「これあるがゆえに私はいつでも甘んじて死ねるという、そうしたある物が人間にないならば、実に不幸なことである」(1)

我々には、妙法《みょうほう》という永遠不滅の宝がある。広宣流布《こうせんるふ》という善《ぜん》の行為の宝がある。

ともあれ、妙法は円教《えんきょう》である。欠けるところがない絶妙の調和の法則である。

「自分のために」が「社会のために」なる。そして「広布のために」が「自分のために」なる——完璧《かんぺき》な充実と満足の軌道《きどう》なのだ。

動揺の
暗き社会に
われわれは
偉大な思想の
王者と指揮とれ

鎌倉《かまくら》時代、あの四条金吾《しじょうきんご》が仕《つか》えた江間家《えまけ》は、大聖人《だいしょうにん》を迫害する北条家《ほうじょうけ》に連なる家柄であった。加えて主君《しゅくん》の江間氏は、僣聖増上慢《せんしょうぞうじょうまん》たる極楽寺良観《ごくらくじりょうかん》の信者であり、家臣の多くも主君に従った。

金吾はただ一人、敢然《かんぜん》と正義の旗を掲げたのだ。

武芸に優《すぐ》れ、医術に通じ、主君の信用も厚い——それゆえに、金吾は、同僚の嫉妬《しっと》の的《まと》となった。卑劣《ひれつ》な讒言《ざんげん》で、窮地《きゅうち》に追い込まれた。

だが、金吾の胸には、蓮祖《れんそ》の仰《おお》せが轟《とどろ》きわたっていた。

「強盛《ごうじょう》の大信力《だいしんりき》をいだして法華宗《ほっけしゅう》の四条金吾《しじょうきんご》・四条金吾と鎌倉中《かまくらじゅう》の上下万人《じょうげばんにん》乃至《ないし》日本国の一切衆生《いっさいしゅじょう》の口《くち》にうたはれ給《たま》へ」(御書一一一八ジ゙ペー)

師弟の誓願《せいがん》に生き抜く人生に、恐れるものはない。

戸田先生もよく言われた。

「我々は絶対勝利の信心をしている。その自覚から、仕事にせよ、何にせよ、断じて勝つことが大事なのだ」

大聖人は金吾に一つ一つ、勝利の要諦《ようてい》を打ち込まれた。それは普遍《ふへん》の人間学である。

「師子王の心を取り出せ」「勇敢《ゆうかん》であれ」「賢《かしこ》くあれ」「短気を起こすな」「忍耐強く」「油断するな」「大誠実で勝て」等々――。

ある時、金吾が、職を退《しりぞ》き入道《にゅうどう》になる意向を漏《も》らすと、蓮祖《れんそ》は〝現実の使命の舞台から離れるな〟と戒《いまし》められた。

そして、「男は入道になりて大悪《だいあく》をつくるなり」（御書一一四八ページ）と、剃髪《ていはつ》の者の世界の腐敗堕落《ふはいだらく》を痛烈に弾呵《だんか》されたのである。

金吾は大聖人の教え通りに戦い切り、「仏法は勝負」の証《あかし》を打ち立てていった。

金吾を讒言《ざんげん》した輩《やから》は、皆、峻厳《しゅんげん》な仏罰《ぶつばち》を受けて倒れた。金吾の冤罪《えんざい》は晴れ、主君の信頼を回復して、かつての三倍の所領《しょりょう》を勝ち得たのだ。

「極楽《ごくらく》百年の修行は穢土《えど》の一日の功徳《くどく》に及《およ》ばず」（御書三二九ページ）である。

大変だからこそ、大きく変わる。一日を十年分、百年分にも生きることができる。

これが日蓮仏法の力《ちから》だ。

私が勤めた戸田先生の会社は、やがて窮地《きゅうち》に陥《おちい》った。しかし、私は一人、全責任を担《にな》って阿修羅《あしゅら》の如《ごと》く戦った。

私にとって職場とは、人間修行の道場であり、師匠と学会の正義を実証する主戦場《しゅせんじょう》であったからだ。

そして、創価の師弟は勝った。事業の復興はなり、戸田先生は晴れ晴れと第二代会長に就任されたのである。


「来る日も来る日も、波は岩に跳《は》ね返される。しかし、長期的にみれば、勝つのは波である」(2)

私が二度対談した、世界的な経済学者レスター・サロー博士の確信であった。

私も、若き日から「波浪《はろう》は障害《しょうがい》にあうごとに、その頑固《がんこ》の度《ど》を増す」をモットーとしてきた。最後に勝つのは、戦いを止《や》めない「執念《しゅうねん》」の人である。挑戦を続ける「負けじ魂《だましい》」の人である。

博士に、私は問うた。

「二十一世紀のフロンティア（開拓最前線）とは何か」

博士は、それは「精神世界の探検で、宗教の問題です」と明快に指摘され、こう言われた。

「宗教には『人間を向上させる力《ちから》』がある。『人間は、より良くなれるんだ』ということを、宗教は資本主義社会の中で教えるべきだ」

また博士は、二十一世紀の世界へ「平和のための対話」の精神を広めていく使命を、仏法に期待されていた。

堅実にして雄々《おお》しき社会部の友の信念の力と使命は、あまりにも大きい。

これからは、人間自身の持つ、いな人間のみが持つ「知力」と「創造力」が勝負を決する時代だ。

「以信代慧《いしんだいえ》（信を以《も》って慧《え》に代《か》う）」の生命哲理を持っている人生がどれほど強いか。勇《ゆう》敢《かん》なる信心がある限り、智慧《ちえ》は尽きることがない。

そしてまた、「価値創造」の力に満ち満ちた創価の連帯が、どれほど尊いか。この結合とともに進む限り、行き詰まりは絶対にない。

大聖人は「世間《せけん》の法が仏法の全体」（御書一五九七ジペー）と明《あ》かされた。

この現実の社会のなかでこそ、皆が仏になっていくのだ。

「仏法即《そく》職場」であり、「職場即仏法」である。

そして、仏法は即「人の振る舞い」である。

社会での信頼の広がりは即、仏法正義の確立となり、創価への共感の拡大となる。

社会部、専門部の皆様が健在であれば、学会は盤石《ばんじゃく》だ。

いよいよ、創価完勝の旭日《きょくじつ》は昇り始めた。

「戦えば戦うだけわれわれは強くなる」(3)と、ローマの哲人セネカは叫んでいる。

どうか、皆様が色心《しきしん》ともに健康第一で、「創価の全権大使」として、勝利繁栄の歴史を綴《つづ》りゆかれんことを、私は切《せつ》に切に祈りたい。

仏法は
そのまま　社会の
法なれば

歓《よろこ》び新たに
来る日　来る日も

（1）『一日一章　人生読本〈7～9月〉』原久一郎訳、社会思想社
（2）『資本主義の未来』山岡洋一・仁平和夫訳、TBSブリタニカ
（3）『怒りについて　他一篇』茂手木元蔵訳、岩波文庫

「仏法即《そく》社会」の賢者《けんじゃ》たれ！

「大白蓮華」〈巻頭言〉二〇〇八年二月号

仏法は
即《すなわ》ち
世間《せけん》の法なれば
社会の中で
仏になるなり

蓮祖大聖人《れんそだいしょうにん》は、「観心本尊抄《かんじんのほんぞんしょう》」において厳然《げんぜん》と宣言なされた。

「天《てん》晴《は》れぬれば 地《ち》明《あき》らかなり 法華《ほっけ》を識《し》る者は 世法《せほう》を得《う》可《べ》きか」（御書二五四ジペー）

真実の生きた仏法は、何《なん》と広々と社会に開かれていることか。いな、何と晴れ晴れと社会を照らして、リードしゆくことか。

「智者《ちしゃ》とは世間《せけん》の法《ほう》より外《ほか》に仏法を行《おこな》ず」（御書一四六六ページ）との仰《おお》せ通りに、創価の師弟は、人間の中へ、民衆の中へ、社会の中へ、勇み飛び込んで「随縁真如《ずいえんしんにょ》の智《ち》」を発揮してきた。

現実の社会から逃避《とうひ》するのでもなければ、権力に迎合《げいごう》するのでもない。いわんや、邪《じゃ》宗門《しゅうもん》のごとき狂信《きょうしん》は絶対に許さない。

人類史を大きく画《かく》する、「宗教のための人間」から「人間のための宗教」への大転換を、創価学会は成し遂げてきたのだ。

「御《おん》みやづかい《仕官》を法華経《ほけきょう》とをぼしめせ、『一切世間《いっさいせけん》の治生産業《ちせいさんぎょう》は皆《みな》実相《じっそう》と相《あい》違背《いはい》せず』とは此《こ》れなり」（御書一二九五ページ）

自《みずか》らの「仕事」を「法華経」と思って、真剣に取り組みなさい――この「檀越某御返《だんおつぼうごへん》事《じ》」の一節は、私たちの永遠の指針である。

これは、伊豆流罪《いずるざい》、佐渡《さど》流罪に続いて、三度目の流罪に遭《あ》われるかもしれぬという状況の中で記された御聖訓《ごせいくん》である。

正義ゆえの迫害を、大聖人は「百千万億倍《ひゃくせんまんおくばい》のさいわいなり」（御書一二九五ジペー）と誉《ほま》れとなされた。そして門下に、職場を人生の主戦場《しゅせんじょう》と定めて断じて勝利せよと、「師子王《ししおう》の心」を打ち込まれたのである。

わが師・戸田城聖《とだじょうせい》先生も、仕事については厳格であられた。「信心は一人前、仕事は三人前」と教えられた。この師のもと、私は師子奮迅《ししふんじん》の力《ちから》で働き通した。それは、最悪の事業の苦境も、法華経の兵法《へいほう》で必ず打開できることを示し切る戦いであった。

広布とは
社会に働く
人びとが
幸福勝ちとる
証《あかし》なるかな

仕事は、たゆみなき「創意《そうい》」と「工夫《くふう》」の挑戦である。

ブラジルの文豪アントニオ・アウストレジェジロは語った。

「いついつも、〝勝利〟を念頭に置き給《たま》え！

数々の創意工夫は〝勝利〟へ準備を整える〝行動〟である」(1)

油断や惰性《だせい》を排《はい》して、新鮮な活力で一日の仕事に臨《のぞ》むことが、勝利への道だ。その源泉こそ、朝の朗々《ろうろう》たる勤行唱題《ごんぎょうしょうだい》である。

それは、今いる場所で、勇気と智慧《ちえ》、誠実と忍耐を尽くして、「いなくてはならない人」との信頼を勝ち得《え》ていく戦いだ。

へこたれてはならぬ。戸田先生は、青年を励まされた。

「どんな会社や組織でも、嫌《いや》な人間や悪い人間は必ずいるものだ。何も問題がないなどというのは、ありえない。

問題があるから、力がつく。悪い人間がいるから、境涯《きょうがい》が大きくなる。そう達観《たっかん》して、大きく強く生き抜いていくことだ」

釈尊《しゃくそん》の弟子の須達長者《すだつちょうじゃ》は、七度、貧窮《ひんきゅう》のどん底を経験したと言われる。しかし、この夫妻は、どんな時にも、師匠をお護《まも》りするためには何も惜《お》しまなかった。その心で、最後は勝った。

インド第一の大長者となって、祇園精舎《ぎおんしょうじゃ》を建設し、師に捧《ささ》げたのである。

わが学会も、文化本部、社会本部、地域本部、教育本部、国際本部の尊き同志を先頭に、創価の賢者《けんじゃ》と長者が光っている。

その活躍を、世界的な宗教社会学者でハーバード大学の教授であられたジェームス・アダムス博士も賞讃《しょうさん》してくださった。

「社会の変化の中で、個人を磨《みが》き、深化《しんか》させていってこそ、そこに歴史を変える智慧《ちえ》と力が育《はぐく》まれるのです。その意味で、創価の思想と行動は、大変に重要な意義をはらんでいます」

世界も見つめる「人材・拡大の年」。それは、まず自分が「仏法即《そく》社会」の太陽となって、希望の光線を拡大しゆく一年だ。

敢然《かんぜん》と
厳しき社会に
踊《おど》り出よ
勝ちゆけ　勝ち抜け
創価の博士と

（1） *Dicionário de Pensamentos*, compiled by Folco Masucci, Livraria Editôra Importadora Americana Ltda

第2章

フレッシュマンの輝き

フレッシュマンの輝き

社会の大海原《おおうなばら》で自己を鍛え抜け

「随筆　人間世紀の光」二〇〇九年四月二十一日

人生の
　勝利の戦士は
　　朗《ほが》らかに
いかなる障害《しょうがい》
　悠々《ゆうゆう》　乗り越え

アメリカの民衆詩人ホイットマンは、春を詠《うた》った。
「幾《いく》億万もの、幾兆万もの待ち受けている芽また芽の群《むれ》」「ゆっくり追い迫り、着実に

前へ進み、果しもなく現れ出てきて……」(1)

この春、社会に躍《おど》り出た若きフレッシュマン(新社会人)たちも、希望の若葉を広げ、個性豊かな花を爛漫《らんまん》と咲かせゆくことだろう。どんな植物も「自然」の法則を離れては育たない。人もまた「社会」の中で成長する。「人間=人の間《あいだ》」というように、人との関わりによって磨《みが》かれて、使命を大きく結実させゆくのだ。

御聖訓《ごせいくん》には「世間《せけん》の治世《ちせい》の法を能《よ》く能《よ》く心へて候《そうろう》を智者《ちしゃ》とは申《もう》すなり」(御書一四六六ジペー)と仰《おお》せである。社会を離れて仏法はない。社会を学び究《きわ》め、社会に貢献し、社会で勝利できる人こそ、真の「智者」なのだ。

晴ればれと
今日《きょう》も耐《た》え抜《ぬ》け
わが人生
王冠《おうかん》 勝ちとる
修行と 愉快《ゆかい》に

フレッシュマンの時代は、文字通り「フレッシュ」な生命を発揮して、新鮮な旋風《せんぷう》を起こしていく時だ。

イタリアで発達した壁画技法《へきがぎほう》「フレスコ」も、もとは「フレッシュ」と同義のイタリア語に由来《ゆらい》する。

いわゆる「フレスコ画」は、石灰漆喰《しっくい》の壁が乾《かわ》かないうちに、つまり、新鮮なうちに、水に溶《と》かした顔料《がんりょう》で描いていく画法である。

壁が乾くとともに顔料が定着し、退色《たいしょく》しにくい壁画となる。さらには、年月とともに格調ある味わい深い輝きを放つようになり、永続性をもつ絵画となっていくのである。

バチカンのシスティナ礼拝堂の天井画《てんじょうが》は、芸術の獅子ミケランジェロが四年をかけて完成させたフレスコ画であった。渾身の魂《たましい》の力作は、不朽《ふきゅう》の光彩《こうさい》を放つ。

「心は工《たくみ》なる画師《えし》の如《ごと》し」と、仏法では説《と》かれる。

心は、偉大な画家の如く、自在《じざい》に自身の人生を描き切っていくことができる。その心の根っこを、若き日にこそ、鍛え磨《みが》いていくのだ。

まさに〝鉄は熱いうちに打て！〟である。

◆

「信用があれば前途《ぜんと》がある」(2)とは、中国の周恩来総理《しゅうおんらいそうり》の人生訓《くん》であった。現実の社会は、矛盾《むじゅん》と葛藤《かっとう》の混沌《こんとん》でありながら、しかも秩序と倫理を保《たも》っている。この社会を成り立たせている根幹は、「信用」「信頼」といってよい。それは、交わした「約束」を守る、「約束」を一つ一つ誠実に遂行《すいこう》する、その行動でしか築き得ない。

顧客と約束した期日を守る。上長と約束した業務を適切に処理する。自分自身と約束した目標を完遂《かんすい》する――仕事には、すべて「約束」という行為が含《ふく》まれる。たかが五分、たかが紙一枚、たかが数字一つであっても、そこに約束があれば、決しておろそかにできない。これが仕事である。

戸田《とだ》先生は「青年の一番の宝は、信頼である」と言われた。嘘《うそ》つきやインチキは許されなかった。「お前は、キツネになったのか！　お前の言うことは、金輪際《こんりんざい》、信じぬ！」

と、怒鳴《どな》りつける先生であった。

「青年は、財産や名誉などなくとも、信用されることが、最大の誇りであり、勝利であると思っていきなさい」と教えてくださった。

たとえ失敗しても、ごまかしたりはしない。誠意を尽くして対処する。

そして、反省は反省として、決して気を落とさず、同じ失敗を繰り返さぬように努力して、必ず挽回《ばんかい》してみせるのだ。

「いては困る人」ではなく、「いても、いなくても、よい人」でもない。

青年は、「いなくてはならない人」へと、自分を価値あらしめていくのだ。

◆

美しき
王者の信頼

結びたる
創価の友の
晴れの姿よ

日本、そして世界の未来を担《にな》いゆく、若きフレッシュマンに、何点か、具体的なアドバイスを贈りたい。それは新しい年度の開始に当たり、先輩も初心に立ち返って一緒に確認し合いたい、社会人の基本でもある。

その第一は、「清々《すがすが》しい挨拶《あいさつ》」である。

一流の証《あかし》は、端的に、振る舞いに表れるものだ。

私がお会いした世界の指導者たちも、皆、挨拶・礼儀という人間的教養が洗練《せんれん》されていた。

一九六八年（昭和四十三年）の九月、私の日中国交正常化の提言を、「光明日報《こうみょうにっぽう》」の特派員として即座に北京に打電されたのは、劉徳有《りゅうとくゆう》先生（中国対外文化交流協会・副会長）である。この劉先生も、信義の大指導者・周総理の誠実な振る舞いを偲《しの》ばれていた。

「握手の時は、必ず相手の目を見ておられました」

「挨拶の仕方も、相手の方の習慣に合わせておられました」

ともあれ、挨拶は、明快な声で、はっきりと！

お辞儀《じぎ》は、頭を下げ、腰を曲げて、しっかりと！

名刺の受け渡しは、先方がこちらの名前を読み取れるよう、きっちりと！

そして身だしなみは清潔に——新人の時にこそ、確かな作法を身につけたい。

国際的なマナーも大事だ。それは特別なことではない。相手を敬《うやま》う気持ちを姿勢として表すこと、言葉に出して明快に伝えていくことだ。世界の多くの人びとと交流を結び広げたドイツの大文豪ゲーテも、語っている。

「最初の挨拶は何千のそれの値《ね》うちをもつ、
だから、友情こめて応えたまえ、君に挨拶する相手には」(3)

「人に何かの世話になったら　何でもいいからすぐ礼をすることだ」(4)

私も若き日より、どんな人と会う時も、礼を尽くし、真心の挨拶を心がけてきた。それは、「仏を敬《うやま》うが如《ごと》く」という法華経《ほけきょう》の真髄《しんずい》の実践でもあるからだ。

海外の方との会見にあたっても、相手の著作等に目を通すことは当然である。さらに、先方の文化や習慣を学んでおくことなど、事前の準備は今もって怠《おこた》らない。

一回一回が真剣勝負である。

御聖訓《ごせいくん》には、「小事《しょうじ》つもりて大事《だいじ》となる」（御書一五九五ジペー）と仰《おお》せだ。

◆◆

東天に
　朝日《あさひ》の昇る
　　姿して
　君も香《かお》れよ
　　幸《さち》の蓮華と

社会で勝ちゆく起点は、「朝に勝つこと」である。

もちろん、夜間の仕事の人もいる。要は「一日のスタートを勝つこと」だ。

戸田先生が厳しく教えられたのも、この点だ。

「青年は、朝寝坊《あさねぼう》では負ける。朝が勝負だ。朝の生き生きとした息吹《いぶき》のなかで、活力を沸《わ》き立たせていけ！　そこに大きな成長がある」

私も、戸田先生のもと、毎日毎朝、勇んで職場に馳《は》せ参じたことが、懐《なつ》かしい。

日本正学館《にほんしょうがっかん》への初出勤は、二十一歳。一月三日の寒い日、喜びに燃え、朝、誰《だれ》よりも早く出社した。職場に着いて、早速、窓や机を拭《ふ》いた。

「わが職場を日本一に！」

掃除に励むなかで、使命の職場への愛着は、ますます深くなっていった。

「朝の時刻こそ運命の針が事を決する」(5)とは、ゲーテの『ファウスト』の一節だ。

尊き「無冠《むかん》の友」の皆様方が、来る日も来る日も、体現してくださっているように、朝の決意が、一日の勝利につながる。朝の勢いが、社会の開拓となる。

「月月《つきづき》・日日《ひび》につより《強》給《たま》へ」（御書一一九〇ジペー）の仏法を行ずる我々は、白馬が嘶《いなな》くように、朗々《ろうろう》たる朝の勤行《ごんぎょう》・唱題を響《ひび》かせながら、今日《きょう》も勝ち戦《いくさ》の行進を開始するのだ。

朝の陽光の如《ごと》く燦々《りんりん》と！　そして、朝の大気の如く爽《さわ》やかに！

朝を大切にする。それは、時間を大切にすることだ。

スイスの哲人ヒルティは論じた。

「一分か二分のほんのわずかな時間でも、なにか善《よ》い事や有益《ゆうえき》な事に使うことができるものだ。最も大きな決心や行為をするのでさえ、ごく短い時間しか要しないことが少なくない」(6)

まったく、その通りだ。信心の「一念」とは、限りある時間の中で、生命を凝結《ぎょうけつ》させて、最大の価値を創造しゆく力なのである。

辛《つら》くとも
　笑顔で叫べや
　　人生の
賢者《けんじゃ》の君よ
　使命忘れず

新社会人に贈る、もう一つのエールは「愚痴《ぐち》をこぼさず、前へ前へ！」である。思い描いた理想と違う職場で、働く友もあろう。人が羨《うらや》ましく見える時もある。しかし、大事なことは、今いる場所で勝つことだ。眼前の仕事を、忍耐強く成し遂《と》げていくことである。

「偉大な仕事を生み出す根源の力《ちから》である忍耐」(7)とは、フランスの文豪バルザックの結論であった。

派遣や契約社員として、働き始めるフレッシュマンもいる。リストラや失業の試練と戦う友もいる。

思えば、人類の世界観を大転換した、大科学者アインシュタイン博士も、二十代の前半、失業が続き、就職活動を何回も失敗した。

「人間としての真の偉大さにいたる道はひとつしかない。何度もひどい目にあうという試練の道だ」(8)とは、博士の不屈《ふくつ》の信念であった。

苦労知らずで偉くなった青年は不幸だ。真の人生の深さがわからないからだ。

苦しみ抜いてこそ、本物が育つ。ゆえに、思うようにいかない時も、くさってはならない。上手《うま》くいかない時も、自分らしくベストを尽くしていけば、必ず、そこから次の道が開かれる。

戸田先生も言われた。

「青年は、いくら踏《ふ》みつけられても、伸びていくのだ。それが、青年じゃないか」

誰かに愚痴《ぐち》をこぼしても、何も生まれない。

題目を唱えて御本尊《ごほんぞん》に悩みを訴えれば、勇気と力《ちから》が湧《わ》いてくる。智慧《ちえ》が光る。諸天善《しょてんぜん》神《じん》が厳然と現《あらわ》れる。

日蓮《にちれん》仏法の真髄《しんずい》は「煩悩即菩提《ぼんのうそくぼだい》」である。その根幹は、祈りである。

「湿《しめ》れる木より火を出《いだ》し乾《かわ》ける土より水を儲《もう》けんが如《ごと》く強盛《ごうじょう》に申《もう》すなり」（御書一一三二ジペー）と仰《おお》せの通り、祈り抜き、祈り切っていくことだ。

◆◆

十六世紀、中国の哲人《てつじん》指導者であった呂新吾《りょしんご》は、その高潔さのゆえに嫉《ねた》まれ、疎《うと》まれて左遷《させん》された。しかし、カラッと語っている。

「世の中には、どこへ行っても自分の思いどおりになるようなことはないし、また、一日として思いどおりになるような時もない。

そういうなかにあって、こちらが大きい度量《どりょう》をもって対処すれば、なにかとプラスになる」(9)

すべてが勉強だ。

どんなことも、自分の成長の力《ちから》に変えてみせる！　そう肚《はら》を決めた青年は、無敵である。いかに意地悪な人間も、その誇り高き魂《たましい》だけは、絶対に侵《おか》すことはできないのだ。

この中国の賢人《けんじん》・呂新吾は「仕事の四つの要諦《ようてい》」を留《とど》め残した。すなわち――

「一、好機《こうき》と見たら、断固決断することが望まれる。弱気になってはならない。

一、辛抱《しんぼう》すべきときには、あくまで我慢に徹することが望まれる。腰《こし》くだけになってはならない。

一、ものごとの処理は、思慮《しりょ》深く沈着《ちんちゃく》であることが望まれる。浅はかであってはならない。

一、変化への対応は、機敏《きびん》であることが望まれる。手遅れになってはならない」(9)――。

四百年以上の歳月を越えて、現代にも通ずる大事なポイントだ。

そして、こうした勝利の鉄則も、すべて御聖訓《ごせいくん》に示された「法華経《ほけきょう》の兵法《へいほう》」に包含《ほうがん》されていることを、大確信していくことだ。

◆◆

新しき
君の職場で
勝利せむ
晴れの人生
師弟は不二《ふに》かと

わが創価学会は、荒れ狂う時代の怒濤《どとう》に、雄々《おお》しく立ち向かって創立された。

学会創立の一九三〇年（昭和五年）は、前年の十月、アメリカのウォール街《がい》の株価の大暴落《だいぼうらく》を契機《けいき》とした、世界恐慌《きょうこう》の渦中《かちゅう》であった。

先師《せんし》・牧口常三郎《まきぐちつねさぶろう》先生は、民衆が苦悩する動乱の世だからこそ、「創価教育」の旗を打ち立てて、「子どもたちの幸福」の道を開きゆくことを願われたのだ。

実は、この時、戸田先生の「時習学館《じしゅうがっかん》」も、大恐慌の影響下で、厳しい試練に直面していた。さらにまた、設立まもない戸田先生の出版社・城文堂《じょうぶんどう》も、深刻な資金難に陥《おちい》っていたのである。

しかし戸田先生は、牧口先生の真情を知ると、むしろ師を励ますように、笑顔で申し上げた。

「先生、やりましょう！　偉大な先生の学説を、今こそ、書物として発刊しましょう！　私の持てる財産も、全部、捧《ささ》げます。裸一貫《はだかいっかん》で北海道から出てきた私です。失うものなど、何もありません」

そして、自《みずか》らの事業の苦境も奮然と打開しながら、編集のみならず、資金面でも全面的に責任を担《にな》われ、『創価教育学体系《そうかきょういくがくたいけい》』を出版していかれたのである。

この弟子としての奮闘の歴史を、師は無上の誉《ほま》れと、私に語ってくださった。

「俺も大作《だいさく》と同じだよ」

一九四九年（昭和二十四年）、緊縮財政政策《きんしゅくざいせいせいさく》「ドッジ・ライン」が実施された。インフレには歯止めがかけられたが、非情な「金融引き締め（貸《か》し渋《しぶ》り）」によって、中小企業の倒産が続出した。

戸田先生が経営され、その師にお仕《つか》えして、私が働く日本正学館も、不況の直撃を受けた。出版は一切、休刊である。

加えて、状況打開のために、着手された「信用組合」も経営が悪化し、当局から、業務停止命令を出される最悪の事態となった。翌年（一九五〇年）夏のことである。その絶体絶命の危機の中で、私は、ただ一人、命を賭《か》けて、戸田先生をお護《まも》りし抜いた。師《し》子奮迅《しふんじん》の戦いで、事業の苦境を打開していった。

烈風も、秋霜《しゅうそう》も、吹雪《ふぶき》も、すべてを乗り越え、あの晴れわたる先生の第二代会長就任の五月三日を迎えたのである。

「師弟不二《ふに》なれば、何事も成就《じょうじゅ》す」――この究極の勝利の劇を、永遠《えいえん》に刻み残してきたのが、創価の三代の師弟である。

そして、この魂《たましい》を、今、わが社会部、わが専門部の同志をはじめ、あらゆる職場、あらゆる仕事の現場で、創価の英雄たちが受け継いでくれている。なんと頼《たの》もしい晴れ姿か！

社会部で生き生きと活躍する、創価同窓の女性から、嬉《うれ》しい便りをいただいたことがある。

世界規模の事業展開をしているメーカーに入社した。最初は、遣《や》り手《て》のベテラン社員にまじって会議に出ても、聞いたこともない専門用語が飛び交《か》い、呆然《ぼうぜん》とするばかり。悪戦苦闘の毎日が続いた。

しかし、創価の「負けじ魂《だましい》」で発奮《はっぷん》した。毎朝五時に起きて、唱題そして猛勉強を重ねた。朝は一番乗りで出社し、職場の雰囲気を盛り上げていった。

そして入社二年目にして、実に、年間二億円という全国トップの営業成績を収めたのである。

その仕事ぶりをじっと見ていた上司は、「あなたはいつも元気で、前向きで、周《まわ》りの人を幸せにしてくれる。だから、創価学会は善《ぜん》だと思う」と語り、自《みずか》ら希望して学会へ入会された。

信心を根本に、師弟の結合を力《ちから》として、多くの友が、荒波を勝ち越え、社会に厳《げん》たる実証を示してくれている。

誉《ほま》れの共戦の盟友《めいゆう》に、健康あれ！　栄光あれ！

私は、妻と夫婦して祈り続ける日々だ。

「鉄鋼王《てっこうおう》」と謳《うた》われたアメリカの実業家カーネギーは、青年を励まして語った。

いかなる道であれ、「その道の達人《たつじん》になろう」と決めることだ、(10)と。

自分のいる場所で、プロになれ！　一流と輝け！

若き新社会人の皆さんは、未来の「達人」を目指して、今日《きょう》も明日《あした》も、フレッシュな息吹《いぶき》で、走り進むことだ。私は待っている。君たち、あなたたちが、人生と社会の「勝利の達人」と飛翔《ひしょう》しゆく、その時を！

それが、私と皆さんとの「約束」だ！
頑張れ、創価のフレッシュマンたちよ！

君もまた
尊《とうと》き創価の
勇者《ゆうしゃ》なば
誠実一路《せいじついちろ》で
この世《よ》かざれや

(1) 木島始編『対訳ホイットマン詩集』岩波文庫
(2)『周恩来選集』森下修一編訳、中国経済研究所
(3)「西東詩集」生野幸吉訳、『ゲーテ全集 2』所収、潮出版社
(4)「格言風に」内藤道雄訳、『ゲーテ全集 1』所収、潮出版社
(5)『ファウスト 2』相良守峯訳、岩波文庫
(6)『眠られぬ夜のために 2』草間平作・大和邦太郎訳、岩波文庫
(7)「田舎医者」新庄嘉章・平岡篤頼訳、『バルザック全集 4』所収、東京創元社
(8) アリス・カラプリス編『増補新版アインシュタインは語る』林一・林大訳、大月書店
(9)『呻吟語』守屋洋編訳、徳間書店
(10)『鉄鋼王カーネギー自伝』坂西志保訳、角川書店、参照

職場の主体者、責任者の自覚に立て！

「若き君へ――新時代の主役に語る」「聖教新聞」二〇一二年五月二十二～二十四日

◆新しい人材の活躍こそ社会の希望

――慌《あわ》ただしく新年度がスタートして、はや二カ月、新社会人として生活を始めたメンバーも、数多く奮闘しています。また、新しい職場や新たな立場になった人もいます。

今回は、ぜひ、フレッシュマンたちに励ましのエールをいただければと思います。

池田先生　自分が希望する仕事に就《つ》いた人も、そうでない人もいるでしょう。でも、私はすべての新出発の友に、心から「おめでとう！」と申し上げたい。

私のところにも、多くの報告や決意が寄せられています。それぞれが、本当に凛《り》々《り》しく清々《すがすが》しい。

この真剣な新人たちの息吹《いぶき》こそ、職場を生き生きと発展させゆく力《ちから》です。「新しい時代」の「新しい人材」が活躍しゆくことこそ、社会の宝であり、希望です。

みんな、体調は大丈夫か。朝ごはんは、ちゃんと食べているか。睡眠はとれているか……。

新社会人の皆さんが、健康で、元気はつらつと、悔いのない一日一日を前進していかれることを、私は祈りに祈り抜いています。

先輩たちから大いに学びながら、たくましく明るく、新鮮な力を発揮していってください。

もちろん、最初からうまくいく人なんていません。失敗もある。叱《しか》られることもあるでしょう。「この仕事は向いてない」と悩む時もあるかもしれない。

でも、皆さんには、張り切って第一歩を踏み出した「初心」がある。大事なのは「今」の決心です。「これから」の行動です。

この仏法の「本因妙《ほんいんみょう》」の精神を、アメリカのジャズ音楽家のウェイン・ショーターさんは、実践的に、「初心を忘れないこと」と捉《とら》えていました。「初心」を堅持《けんじ》していく生命は、みずみずしく創造力を湧《わ》き立たせていけます。

皆さんには、「絶対勝利」の信仰があります。

「未来の果《か》を知らんと欲《ほっ》せば其《そ》の現在の因《いん》を見《み》よ」（御書二三一ジペー）と記されている通り、決意して行動を開始した人は、現状がどうあれ、すでに勝つ因をつくった人です。私は未来の勝利者の皆さんに、最大の祝福を贈りたいのです。

――仕事で全《まった》く知らない土地へ移ったり、寮に入ったり、生活環境が大きく変わったりする場合があります。忙しくて学会活動はもとより、勤行《ごんぎょう》・唱題も、ままならなくなることがあります。

池田　新出発をした皆さんに申し上げたいのは、ともかく「焦《あせ》らないで」ということです。また「粘り強く」ということです。要領《ようりょう》が悪くたってかまいません。人と比べる必要もない。一つ一つ眼前の課題にベストを尽くしながら、足元を固めていくことです。

自《みずか》らやってみて、その上で、自分一人ではできないことがあれば、人に素直にお願いすることも、よく分からないことを率直に尋《たず》ねることも、社会人として大事な条件です。

「教えてください」と、先輩たちにぶつかっていく青年は、ぐんぐん力《ちから》をつけていきます。誰《だれ》もが乗り越えてきた道なのだから、心配することはありません。何かあれば、信頼できる先輩に相談してください。

御書《ごしょ》には「助ける者が強ければ倒れない」（一四六八ジペー、通解）と仰《おお》せです。学会は、最も心強い「善知識《ぜんちしき》」の世界です。

「初心」を堅持していく生命は、
みずみずしく創造力を湧き立たせていけます。

忙しくて、なかなか会合に出られなくても、思うように題目があげられなくても、同志と連携を取り合っていくことが、どれほど支えになり、励みになるか。まさに福運あふれる〝幸福の安全地帯〟です。

だから絶対に離れてはいけません。少しでも縁《えん》していこうという心が大事です。

新社会人の友を受け入れる地域の方々には、どうか温かく迎えていただくよう、お願いします。

日蓮大聖人《にちれんだいしょうにん》は、「御《おん》みやづかい《仕官》を法華経《ほけきょう》とをぼしめせ、『一切世間《いっさいせけん》の治生産業《ちせいさんぎょう》は皆《みな》実相《じっそう》と相違背《あいいはい》せず』とは此《こ》れなり」（御書一二九五ジペー）と仰《おお》せになられました。

自分の仕事を法華経の修行であると思っていきなさい。現実社会のあらゆる営《いとな》みは、全部、妙法《みょうほう》と合致するものなのですと、教えてくださっています。

どんな仕事であれ、どんな立場であれ、題目を唱える自分自身が智慧《ちえ》を出し、力を尽くして、世のため、人のため、誠実に価値を創造していく。それは、すべて「心の財《たから》」を積む仏道修行になります。

仕事と信心は、別々ではない。

むしろ、仕事を最大に充実させていく原動力が、信心であり、学会活動なのです。

――大聖人が門下に「御《おん》みやづかい《仕官》を法華経」と教えられたのは、御自身に三度目となる流罪《るざい》の迫害《はくがい》が加えられるかもしれないという緊迫した状況の中でした。

池田　その通りです。大聖人は、もし三度の流罪となれば「百千万億倍《おくばい》のさいわいなり」（御書一二九五ジペー）と悠然と見下ろされながら、弟子たちに自らの使命の職場で、一歩も引かずに、断固として勝利の実証を示し切っていくように、励まされたのです。

この御聖訓《ごせいくん》通りに戦って自身を鍛え上げてきたのが、学会の誇り高き伝統です。

草創期《そうそうき》、職場で信心に反対されることが多かった先輩たちは、「信心は一人前、仕事は三人前」と歯を食いしばって、両方とも頑張ってきました。「仕事で実証を示してみせる！」と祈り抜き、仕事をやり切ってきました。

大変だからこそ、策によらず、真っ正面から肝《はら》を決めて祈って、人の何倍も努力し抜いたんです。

さらに今も、「仏法即《そく》社会」「仏法即勝負」の戦いを毅然《きぜん》と続けている、わが社会部、専門部の方々の勝利の体験を、私は感銘深くうかがっています。

仕事の姿勢には、その人の人生観も人間観も表れる。「何のために」生きるのかという一念が表れる。その最も深く、最も強く、最も正しい一念こそが、信心です。

皆さんには、広宣流布《こうせんるふ》という、世界の平和と人類の幸福を実現しゆく究極《きゅうきょく》の大目的がある。「広宣流布」という世界一の大願《だいがん》に立って、自《みずか》らの日々の仕事に全力で挑むこと——それが「御《おん》みやづかい《仕官》を法華経」の心です。

「世界一の大願」に向かって戦う一人の青年として、「この仕事で世界一の自分にさせてください」「世界一の職場にさせてください」「世界一の会社にさせてください」と大きく強く祈ることです。

信心は、一個の人間としての実力となって発揮されます。真剣に祈り抜き、勉強し、精進し、創意工夫《そういくふう》して、若いエネルギーを仕事にぶつけていく。そうして出た結果が、その時の最高の結果です。思うようにいかなければ、また祈って挑戦し、開拓すればいいんです。私もそうしてきました。

世界一の師匠に薫陶《くんとう》を受けているのだから、世界一の仕事をするのだ。世界一の戸田《とだ》先生を仕事で宣揚《せんよう》してみせるのだと、私は祈り、働きました。

ともあれ、会社の大小や職場の環境で、自分の仕事や人生の勝ち負けは決まらない。すべて自分です。自身の一念で決まるのです。

仕事と活動については、また、じっくり語り合おう。

◆「朝に勝つ」人が人生の勝者です

――「あいさつ」の大切さを教えていただき、新社会人の皆さんにも、その実践を呼びかけていただきました。企業のトップの方からも、本当に創価の青年は清々《すがすが》しい、爽《さわ》やかだ等の声が寄せられています。

池田　「あいさつ」は、瞬時に心と心を結びます。相手が初対面であっても、苦手なタイプであっても、心は通《かよ》い合う。

相手があいさつを返さなくても、構《かま》いません。あいさつは、自分から先にした方が勝ちです。人を尊敬できる人が尊敬される人です。明るく誠実に、心を込めてあいさつできる人が、偉い人です。あいさつは境涯《きょうがい》の芸術です。

「おはようございます！」「こんにちは、よろしくお願いします！」「ありがとうございます！」

どうせ、声を出すんだから、元気にやれば、お互いに気持ちがいいじゃないか。その生命の勢いが、一日の勝利の扉《とびら》を大きく開きます。

どんどん、あいさつしていくんです。どんどん、味方を増やすのです。相手の心の諸《しょ》天善神《てんぜんじん》を呼び起こすんです。もちろん、声が出せない状況なら、目礼でもいい。

私が二十一歳で戸田先生の会社に入って実践したことがあります。

一つは、元気いっぱいのあいさつで先輩方を迎えることでした。

もう一つは、毎朝、始業時間の三十分前には出勤して、職場を清掃することです。

元気なあいさつが響く会社は、発展します。職場がよく整理されている会社は、事故が無くなる。

戸田先生をお守りするために、先生の事業を発展させるために、誰に言われなくとも、私は実行しました。

朝が勝負です。朝で決まる。

戸田先生も「職場に遅れて来て、上司に叱《しか》られるような人間は偉くなれない。特に、新入社員として信用を積んでいくためには、朝早く出勤するべきだ」と語っておられた。

一日に勝つための生命の暁鐘《ぎょうしょう》が、朝の勤行《ごんぎょう》・唱題です。信心をしているからこそ、一日の出発を勝つ。そして、人生に勝利していくのだ――先生は、こう指導されたのです。


あいさつは、自分から先にした方が勝ちです。

人を尊敬できる人が尊敬される人です。

――仕事で失敗して、すっかり自信を失ってしまうこともあります。

池田 失敗は、敗北ではありません。いな、青年には、失敗や悩みは、前進の証拠《しょうこ》です。前に進んでいるからこそ、向かい風がある。転ぶこともある。でも、それで下を向いてしまわない。また立ち上がるのです。

アメリカの大事業家であり、映画人でもあったウォルト・ディズニーは語っています。

「私は失敗した。だがそこで多くの事を学んだ。若いころにひどい目にあい、失敗する事は重要なんだって、思うね」(1)

――以前、先生は長崎で、大切なお皿《さら》を誤《あやま》って割ってしまった人のことを通して、指導してくださったことがあります。取り返しのつかない失敗をしてしまった。どうお詫《わ》びしようかと身を小さくしていた人に、先生は「自分で悩んだのだから許されるんだよ」と励まされました。

池田 そうだったね。これは、戸田先生の教えです。ある青年が電車に乗り遅れて、大事な会合に大幅に遅れてしまったことがありました。その人は青い顔をしてお詫びの言葉を探していました。戸田先生は厳しい方でしたから、どんなに叱《しか》られるかと、周《まわ》りもドキドキしていた。するると先生は、「もういいよ。自分で悩み、苦しみ、それで償《つぐな》われているのだから、何も言うことはないよ」と語られました。先生は、反省している青年の心をくみとってくださったのです。

――池田先生は、戸田先生のエピソードを紹介され、「反省し、苦しんでいる人を、責《せ》めるような心の狭い人ではいけない。指導者は、人々の心をよく知っていかなければならない」と教えてくださいました。長崎の同志が大切にしているご指導です。

池田 皿を割ってしまった人は、その失敗を原点として、本当にけなげに頑張ってきました。何年経《た》った今も、その時のことを忘れず、「恩返しを」との心で後輩たちを励ましてくれている。私は「偉いな」と見守っています。

若い皆さんは、失敗を恐れないでほしい。もちろん失敗したら、反省は大切です。だからといって落ち込んで、それにひきずられては、何にもならない。一切が勉強であり、いくらでも取り返せるんだから。クヨクヨしてはいけない。

「失敗は成功の母」です。「挑戦しないこと」――それが、青春の唯一の敗北だと、私は思う。

――実際に仕事を始めてみると「自分が想像していたのと違っていた。このままでいいのだろうか」と疑問に思うこともあります。「この仕事は自分には向いていない」と決めて、早々に辞《や》めてしまう場合もあるようです。

池田　まず大事なのは、自分一人で抱え込んで、早まって結論を出してしまわないことです。そういう時こそ、信頼できる人に、よく相談することです。

そもそも、はじめから自分の希望通りの仕事ができる人は、多くありません。夢と現実の落差に愕然《がくぜん》とすることもあるでしょう。

単調で地味に見える基本を、着実に身につけてこそ、将来、大きく飛翔《ひしょう》するための力《ちから》となる。人がいやがる仕事や、陰の地道な仕事ほど、人間は磨《みが》かれます。

私も戸田先生の会社に入った時は、少年雑誌《ざっし》の編集者として勤《つと》め始めました。大好きな仕事でしたし、やりがいも感じていました。

ところが、先生の事業はやがて経営不振に陥《おちい》りました。私がやることになったのは、全《まった》く畑違いで、最も苦手《にがて》とする金融の営業でした。しかし、どうせ働くならば、この道の第一人者になろうと泣くような思いで努力しました。毎日が死に物狂いで、家に帰っても、しばらく動けないほど疲れ果てました。肺を病《や》んでいたから、本当に苦しかった。

でも、その命がけの戦いがあったからこそ、戸田先生の事業を再建することができた。そこから、かけがえのない人間学を学ぶこともできました。広宣流布《こうせんるふ》の師匠のために戦い、永遠に消えない福運を積むこともできました。

どこにあっても、受け身ではなく、職場の主体者、責任者の自覚に立つことです。そうすれば、辛《つら》いこともあるだろうが、喜びも大きい。まして、仕事で自分を磨けたら、これ以上に楽しいことはない。職場を、ただ、給料をもらうためだけの場にしてしまっては、もったいない。

私は、よく「十年一剣を磨《みが》け」と申し上げてきました。一つのことに徹すれば、着実に力《ちから》がつく。たとえ、自分に不向きだと思った仕事でも、一つ一つ、無我夢中《むがむちゅう》でやり遂《と》げていく中で、自分でも気づかなかった秘められた天分が見つかることがある。

私が何度も語り合い、深い親交を結んだ、松下電器（現・パナソニック）の創業者・松《まつ》下幸之助翁《したこうのすけおう》も述べておられた。

「一事を貫くということは、非常にむずかしいようであるけれども、いちばんそれが効率的やな。ああでもないこうでもないと迷って、転々とする人がある。転々とする人は転々としたことによって成功するという場合もあるけど、概《がい》して失敗が多い」(2)と。

一事は万事に通じている。一事を貫く中で万事を学び、すべてに勝利する力がついていくのです。

ともかく、戸田先生は、「仕事に左右されるな。仕事を左右せよ」と言われました。環境に振り回されるのではなく、自分が環境を変えていくのです。いかなる烈風にも揺るがぬ富士の如《ごと》く、何ものにも負けない自分自身をつくることです。

◆じっとこらえて今に見ろ！

——今は派遣《はけん》社員やアルバイトなど、非正規の雇用《こよう》が増大しています。社会的にみると、非正規社員の割合は全体の三分の一以上に達していますし、特に、十代後半の若者の非正規雇用の比率は、近年では、実に七割以上とも言われています。

こうした非正規雇用においては、給料や社会保障などの待遇面で、正規雇用とは大きな差があることが指摘されています。ただ反対に、正社員になったばかりに、過酷《かこく》な長時間労働が待っていたというケースもあります。

池田　青年を大切にしない国に未来はない。若者が希望を持って働いていける社会を、真剣につくっていかなければなりません。これは最重要の課題です。不安定な立場で、先の見えない中、働かねばならない苦しさは、痛いほど分かります。

次元は異なりますが、戦争中、十代半ばの私は、鉄工所で旋盤工《せんばんこう》を務《つと》めました。血豆《ちまめ》や切り傷、小さな火傷《やけど》などは日常茶飯事《にちじょうさはんじ》で、危険と隣り合わせの仕事です。油にまみれ、汗だくになり、神経を鋭く張りつめながら、懸命に働き通しました。

本当にきつい仕事でした。

この時、体《からだ》で覚えた機械工作の基礎的な技術は、その後、直接、生かす場面はありませんでした。しかし、人生を深く思索《しさく》していく上で、また苦労している仲間の気持ちを知り、励ましていく上で、どれだけ役立ってきたか、計り知れません。どんな労苦も決して無駄《むだ》にはならないことを、私は断言できます。

いわんや、皆さん方は「御《おん》みやづかい《仕官》を法華経《ほけきょう》」（御書一一九五ジペー）と決めた、偉大な使命の青春です。今、どこで、どのように働くとしても、それは必ず広宣流布に連動していきます。

自分で決めたところが、自分の〝使命の舞台〟となり、〝人間革命の道場〟となります。「足下《そっか》に泉あり」です。まずは今いる職場で、「自分らしく戦い切った」という努力と結果を残していくことです。そこから、勝利の人生を絶対に開いていけるからです。見てくれている人は必ずいます。

また、自営の家業を継《つ》ぐために働き始めた人もいるでしょう。「はたらく」とは「はた楽」、つまり「はた（周囲）の人を楽にすること」だと言われてきた。働いてお父さん、お母さんに喜んでもらうことは、最高の親孝行です。最高の人間の振る舞いです。偉大なる仏法の実践です。

食を支え、命を育《はぐく》む農業・漁業を継いだ、わが農漁光部の頼もしい青年たちも、本当によく奮闘してくれている。厳しい社会情勢のなかで、地域になくてはならない「希望の灯台」と光っています。

――池田先生が十九歳で戸田先生にお会いした直後に詠《よ》まれた詩「希望に燃えて」を支えにして、頑張り抜いてこられた先輩方のお話をうかがいました。この詩は、今の

「足下《そっか》に泉あり」です。
まずは今いる職場で自分らしく戦い切ることです。

私たちにも、何よりの励ましであり、不変の指針ですので、ここで朗読させていただきたいと思います。

希望に燃えて　怒濤《どとう》に向い
たとい貧しき　身なりとも
人が笑おが　あざけよが
じっとこらえて　今に見ろ

まずは働け　若さの限り
なかには　侮《あなど》る者もあろ
されどニッコリ　心は燃えて
強く正しく　わが途進《みちすす》め

苦難の道を　悠々《ゆうゆう》と

明るく微笑《ほほえ》み　大空仰《あお》ぎゃ
見ゆる未来の　希望峰
ぼくは進むぞ　また今日《きょう》も

池田　ありがとう。

思えば、日蓮大聖人《にちれんだいしょうにん》の門下も、逆境をはね返して、職場で勝利の実証を示してきました。四条金吾《しじょうきんご》は、正しき信仰ゆえに同僚から讒言《ざんげん》され、冤罪《えんざい》で所領没収の危機に陥《おちい》るという窮地《きゅうち》に追い込まれました。しかし、大聖人の御指導通りに、祈り、行動して、最後は逆に、それまでの三倍の所領を主君《しゅくん》から授《さず》かりました。

大聖人は、金吾の振る舞いについても、こまやかに御指南《ごしなん》されています。

「あなたは短気であるから、火の燃えるようなところがある。必ず人に足をすくわれるであろう」（御書一一六九ジペー、通解）

「あなたは確かに怒りっぽい相《そう》が、顔にあらわれている。どんなに大事と思っても、短気な者を諸天《しょてん》は守らないということを知りなさい」（御書一一七一ジペー、通解）

厳しくも、温かい御指導です。大聖人からのお手紙を読んで、金吾が冷や汗をかいていた様子が、目に浮かぶようです。

さらに大聖人は、金吾に対して次のようにも言われている。

「世間が過ごしにくいというようなことを嘆《なげ》いて、人に聞かせてはならない。もし、そのようなことをするならば、賢人《けんじん》から外《はず》れたことになります」（御書一一七三ジペー、通解）

「グチをこぼすな！」と誡《いまし》められているのです。

このお手紙では、「主君のためにも、仏法のためにも、世間に対する心がけについても、非常に立派だと、鎌倉の人々の口々《くちぐち》にいわれるようになりなさい」（同、通解）とも仰《おお》せです。

職場で、広布の舞台で、社会で、全《すべ》てに勝利しゆけ！　皆から讃《たた》えられるような実証を示すのだ！　との御本仏の励ましです。

皆さんの多くの先輩たちも、この御文を自分に与えられたものと受け止めて挑戦してきたのです。

さらに大聖人は、「心にふかき・えうじん《用心》あるべし」（御書一一七六ジペー）等と、繰り返し繰り返し「油断大敵《ゆだんたいてき》」ということを強調されています。師匠とは、弟子を勝たせるために、あえて厳しく叱咤《しった》してくださるのです。

優《すぐ》れた勇気や才能とともに、多くの欠点も持っていた、人間味あふれる金吾が、何ゆえに仕事で勝利できたのか。

それは、信心根本に師匠の指導通り真っすぐ実践したからです。

とりわけ、金吾は、どこまでも仕事に誠実でした。

大聖人は、金吾の所領加増《しょりょうかぞう》の報告に対して、「陰徳《いんとく》あれば陽報《ようほう》あり」(御書一一七八ジペー)と仰せになられ、「あなたが正直な心で、主君《しゅくん》の後生《ごしょう》をお助けしたいと思う真心が強く、信心を貫き通してきたので、このような功徳《くどく》を受けることができたのです」(同、通解)と讃えられています。

欠点がない人などいない。仕事で壁にぶつからない人もいないでしょう。いじめや嫌《いや》がらせなどもあるかもしれない。

しかし、自分らしく、信心を根本に、大誠実に徹していけば、すべてを生かして、必ずいい方向に転じていくことができる。仕事で勝ち、信頼を広げることができる。これが、妙法です。
私には三つの宝があります。
一つは、この偉大なる「妙法」です。
また「師弟」すなわち師匠である戸田先生と、愛弟子である君たちです。
そして「誠実」です。
どこまでも「誠実一路《いちろ》」で行こう！　朗《ほが》らかに堂々と勝とう！　仕事で。人生で。
みんな、私の弟子なのだから。
最後は必ず勝てる！

（1）『ウォルト・ディズニー　夢をかなえる100の言葉』ぴあ株式会社
（2）『リーダーになる人に知っておいてほしいこと』PHP研究所

仕事と信心――職場は「人間革命」の道場

『御書と青年』〈青春勝利の指針〉

――青年部の多くのメンバーが直面している「仕事」の問題について、お伺《うかが》いできればと思います。

池田先生　大事なテーマです。真摯《しんし》に生きゆく青年ならば、必ず格闘する命題でしょう。御書には、仕事で勝利するための智慧《ちえ》が明快に示されています。

入信してまもない頃、「御《おん》みやづかい《仕官》を法華経《ほけきょう》とをぼしめせ」（御書一二九五ジペー）との御金言《ごきんげん》を初めて拝《はい》した時の感動は忘れられない。

「自分の仕事を法華経の修行と思っていきなさい」と、大聖人《だいしょうにん》は仰《おお》せです。

仕事もまた、自身の境涯《きょうがい》を開く修行となるのです。何と心が広がり、そして何と勇気がわく励ましの御聖訓《ごせいくん》か。

――境涯の広がりといえば、私たちは、先生の成し遂《と》げてこられた「仕事」の大きさに、圧倒される思いです。

池田　若き日から働いて働いて、働き通しだったからね。小さい頃も、よく働いた。わが家は、父がリウマチを患《わずら》い、四人の兄は次々と徴兵《ちょうへい》です。五男の私は、未明《みめい》から起きて、家業の海苔《のり》作りを手伝いました。それが終わると、新聞配達に走る。学校から帰ってくると、今度は夕刊の配達です。

ようやくできあがった海苔を背負って問屋に持って行くのも、私の仕事でした。「うちの海苔は、いい海苔ですよ」というと、問屋さんも「ああ、わかってるよ」と応《こた》えてくれた。

だから、農漁光部《のうぎょうこうぶ》の同志のご苦労も、誇《ほこ》りも、喜びも、私の胸に深く迫ります。

御書《ごしょ》には「民《たみ》のほね《骨》をくだける白米《はくまい》」（一三九〇ジペー）と仰《おお》せです。

「命」そのものである「食」を育《はぐく》む仕事がいかに尊貴《そんき》であるか。すべて、大聖人は御《ご》照覧《しょうらん》なのです。

――農漁光部の青年は、各地の体験主張大会などで大活躍しています。高齢化や後継者の問題などで悩む地域で、希望と光る存在です。

池田　よく伺《うかが》っています。尊《とうと》き使命の青春です。

◆油と汗にまみれて

池田　戦時中、私は、蒲田《かまた》の新潟鉄工所《にいがたてっこうじょ》で油と汗にまみれて、ハンマーを振るい、旋《せん》盤《ばん》を使って働きました。神経の張りつめる労作業の連続でした。

戦後は、西新橋《にししんばし》の昭文堂《しょうぶんどう》印刷でお世話になり、働きながら夜学に通《かよ》い学び続けました。毎朝、家を出るのは六時半頃だったと記憶しています。

営業に回って印刷物の注文を取るとともに、刷《す》り上がりの校正《こうせい》まで責任を持つ仕事です。体当たりで取り組んだ。家族的な温かい雰囲気の職場でした。ある先輩が「池田君、人生は『当たって砕《くだ》けよ』だ。大切なのは勇気だよ」と励ましてくれたことも、懐《なつ》かしい。

ご主人が本当に大事にしてくださった。微熱《びねつ》や血痰《けったん》が続き、どうしても体調がすぐれないので、惜《お》しまれながら退社しました。

その後、家の近くの蒲田工業会に事務員書記として勤務しました。小さな職場でしたが、郷土《きょうど》の町工場など中小企業の復興のために設立された大切な機関です。やがて戸田《とだ》先生とお会いし、先生の経営される出版社の日本正学館《にほんしょうがっかん》で働くことになりました。その折、工業会の職員の方々が全員で送別会を開いて送り出してくださった真心も、忘れられません。

どんな仕事でも、どこの職場でも、真剣勝負で働いて、信頼を勝ち得てきたことが、私の青春の誉《ほま》れです。

「御《おん》みやづかい《仕官》」の御文の後には、法華経《ほけきょう》の文を天台大師《てんだいだいし》が釈《しゃく》した「一切世間《いっさいせけん》の治生《ちせい》産業《さんぎょう》は皆《みな》実相《じっそう》と相《あい》違背《いはい》せず」（御書一二九五ページ）との言葉が記《しる》されている。

これは法華経を持《たも》った人の功徳《くどく》を述べた一節です。社会の一切の営《いとな》みや日常生活は、実相（妙法《みょうほう》）と相反《あいはん》することはない。信心を根本とした行動は、地味なようであっても、すべて「妙法」の輝きを放っているのです。

世のためにと働くことは、何よりも尊《とうと》い。職種とか、会社の大きさとか、地位とかは関係ありません。一日一日、妙法を唱え、真摯《しんし》に行動をして社会に貢献している人は、皆、仏になりゆく生命の正道《せいどう》を進んでいるのです。

世のためにと働くことは、何よりも尊《とうと》い。
職種とか、会社の大きさとか、地位とかは関係ありません。

◆「仕事は三人前」の決意で

――先生が歩まれた道に私たちも続いてまいります。「信心は一人前、仕事は三人前」という学会指導があります。私たちの立場でいえば、どう受け止めて実践していけばいいでしょうか。

池田　一言でいえば、「努力」です。人の三倍の努力を心がけ、会社や社会の発展の原動力になっていくということです。信心は、その源泉なのです。

――「信心しているからこそ努力が大事」ということですね。

池田　その通りです。祈《いの》りから出発して、祈りの通りに行動する。これが本当の「信心即《そく》生活」です。それぞれの仕事に、それぞれの修行と鍛錬があります。

戸田先生も厳しかった。社員が、仕事で外に出る。先生は知らんぷりをしながら、何時に出たかをちゃんと見ている。もし想定される時間を超《こ》えて社に戻ってくると、「遅いじゃないか。寄り道してきたのか」と叱《しか》られる。

私も原稿を作家から受け取って、そのまま急いで戻ってくると、先生から、いきなり「原稿の感想を言いなさい」と言われて、冷や汗をかいたことがある。

電車の中でも、目を通して頭に入れる。そうした機敏《きびん》さを持て！　スピーディーであれ！　と、打ちこんでくださったのです。

――すべてが「訓練」だったのですね。

池田　先生の「厳しさ」は即《そく》「正しさ」でした。「仕事」が「人間」をつくる。青年にとって、職場は自《みずか》らの「人間革命」の道場でもある。そう肝《はら》を決めれば強い。

御書《ごしょ》を拝《はい》すると、大聖人は、若き南条時光《なんじょうときみつ》に仕事の姿勢を教えてくださっています。たとえば、次のように仰《おお》せです。

「いささか《聊》も主《しゅ》にうしろめたなき《後痛》心あるべからず」「かくれて《隠》の信《しん》あれば・あらはれて《顕》の徳《とく》あるなり」（御書一五二七ジペー）と。

少しも「後ろめたい心」があってはならない。誰が見ていなくとも、公明正大《こうめいせいだい》に誠実を尽くせ！　その青年が必ず勝利するとの仰《おお》せです。どんな立場であれ、誠心誠意《せいしんせいい》、仕事に取り組んだ青年が、「信用」という、人間として最高の財産を築くことができるのです。

◆どん底から立って一切を変毒為薬《へんどくいやく》

―― 今、経済不況の中、仕事の悩みも千差万別《せんさばんべつ》です。倒産やリストラと戦う友もいます。人員削減《さくげん》のため、一人で抱える仕事量が急激に増えたメンバーもいます。夜勤が続いたり、なかなか休みがとれなかったりなど、状況はさまざまです。その中で、皆、「負けじ魂《だましい》」で奮闘しています。

池田 よく、わかっています。

私も戸田先生の事業の破綻《はたん》を経験しました。戦後の混乱期で、中小企業の倒産が続出した時代です。まだ二十代前半の時でした。会社が倒れるということが、どんなにつらいことか。私は身をもって味わいました。そのどん底から立ち上がって、莫大《ぼうだい》な負債《ふさい》を返済していったのです。

阿修羅《あしゅら》の如《ごと》く戦った。そして一切を変毒為薬《へんどくいやく》して、戸田先生に第二代会長に就任していただく道を開いたのです。それは、「御義口伝《おんぎくでん》」に仰《おお》せの如《ごと》く「一念《いちねん》に億劫《おくごう》の辛労《しんろう》」（御書七九〇ジペー）を尽くし、勇猛精進《ゆうみょうしょうじん》しゆく一日また一日であった。

――多くの友が、先生の青春時代の苦闘を鑑《かがみ》として、逆境《ぎゃっきょう》に挑《いど》んでいます。

池田　今の時代、特に若い皆さんが向き合う社会の環境は、大変に厳しい。非正規雇用の増加など、二十年、三十年前とは状況が大きく変わってきています。個人の努力とともに、社会のあり方を見直し、変えていかねばならない面もある。

自営業の人も毎日が正念場でしょう。諸天善神《しょてんぜんじん》よ、護《まも》りに護れと祈っています。御金言《ごきんげん》には、「鉄《くろがね》は炎打《きたいう》てば剣《つるぎ》となる」（御書九五八ジペー）、また「金《こがね》は・やけば真金《しんきん》となる」（御書一〇八三ジペー）とあります。

今、苦労したことが、全部、自分自身の「最高の宝」になる。苦に徹してこそ、宝剣《ほうけん》の如《ごと》く、真金の如く、わが生命を輝かせることができるのです。

電話の発明者として有名なアメリカのグラハム・ベル博士が、新聞記者から仕事の大変さについて尋《たず》ねられたことがあります。博士は「かなり厳しい地道な仕事です。けれどもだからこそ」と微笑《ほほえ》みながら、「私の楽しみでもあるのです」(1)と結論したという。どんな問題であれ、「これですべてがうまくいく」という、魔法のような解決策などない。祈って苦労し抜いて、一つ一つ乗り越えていく以外にない。仕事も同じです。そして最後は一切が大善《だいぜん》に変わり、必ず打開できる。

これが「絶対勝利の信心」です。

――はい。有名な「経王殿御返事《きょうおうどのごへんじ》」にも「わざはひ《禍》も転《てん》じて幸《さいわい》となるべし、あひかまへて御信心《ごしんじん》を出《いだ》し此《こ》の御本尊《ごほんぞん》に祈念《きねん》せしめ給《たま》へ、何事《なにごと》か成就《じょうじゅ》せざるべき」(御書一一二四ページ)と仰《おお》せです。

池田　大聖人の仰せは絶対に間違いありません。この大功力《だいくりき》の実証を、皆さんのお父さんやお母さん方など、多くの先輩たちは、勇気ある信心で築いてこられたのです。

◆「今」「ここで」勝利者と光れ

――先ほど、お話しくださった「御《おん》みやづかい《仕官》を法華経《ほけきょう》とをぼしめせ」との御文は、弘安《こうあん》元年（一二七八年）の御手紙の一節です。「熱原《あつはら》の法難《ほうなん》」が本格化する頃でした。

池田　その通りです。この御手紙は、大聖人が、伊豆流罪《いずるざい》、佐渡《さど》流罪に続いて、三度目の流罪にあわれるかもしれないという動きがあった時に認《したた》められました。

大聖人は、もし三度目の流罪があるならば「百千万億倍《おくばい》のさいわいなり」（御書一二九五ジペー）と悠然《ゆうぜん》と仰せになられています。これが御本仏の師子王《ししおう》の大境涯《だいきょうがい》であられる。

そして、御自身は大難を覚悟なされたうえで、社会の激流にある一人ひとりの門下の身を深く案じておられたのです。

師匠は、あらゆる大難の矢面《やおもて》に立って戦っているではないか。〝弟子であるならば、自《みずか》らの使命の場所で勇敢《ゆうかん》に戦いなさい！　仕事でも断じて勝ちなさい！〟との烈々《れつれつ》たる御心《おこころ》が拝《はい》されてならない。

「臆病」「意気地なし」は、日蓮門下《にちれんもんか》とはいえません。

――勇気をもって、「仏法即《そく》社会」の勝利の実証を示すこと。それが師匠への報恩となるのですね。

池田　仏道修行の舞台は、「現実の社会」です。

大聖人は「まことの・みち《道》は世間《せけん》の事法《じほう》にて候《そうろう》」（御書一五九七ページ）、「智者《ちしゃ》とは世間《せけん》の法より外《ほか》に仏法を行ず」（御書一四六六ページ）と明言なされている。

自分の仕事や家庭、地域のなかで成長し、向上し、人間革命をしていく。「今」「ここで」最高の価値を創造していく。そのための信心です。「いつか」「どこかにある」理想郷に行く――。それは妙法ではありません。爾前経《にぜんきょう》、権経《ごんきょう》の浅い考え方です。観念論です。

大聖人の仏法は現実変革の「生きた宗教」です。ゆえに、仏の異名を「世雄《せおう》」（社会の英雄）ともいうのです。

その通りの師子《しし》の道を、創価学会は貫いてきました。不況の中で雄々《おお》しく戦う社会部や専門部の方々の活躍は、尊《とうと》い模範といってよい。

◆困難な時こそ成長できる

――男子部でも、住宅建設関連の会社に勤める関東のあるリーダーは、十九歳の時、アルバイトから出発しました。やがて正社員として採用に。実績を評価されて異例の昇進を遂《と》げ、社長賞も受賞しています。仕事が多忙な中、学会で新たな役職を受けるたびに弘教《ぐきょう》も実らせてきました。

池田　本当に偉い。うれしいね。日本でも世界でも、幾《いく》十万、幾百万の青年が頑張ってくれている。私にとってこれほどの喜びはない。

御書《ごしょ》には、伝教大師《でんきょうだいし》の釈《しゃく》を引かれて「浅《あさ》きは易《やす》く深きは難《かた》しとは釈迦《しゃか》の所判《しょはん》なり浅きを去《さ》って深きに就《つ》くは丈夫《じょうぶ》の心なり」（三一〇ジペー等）と記《しる》されています。

この「丈夫の心」を持つ人こそ、真のリーダーなのです。

――今、各地の友と語り合う中で、「仕事が忙しくて、なかなか思うように学会活動の時間がとれない」という悩みを多く聞きます。

池田　多忙な中で、少しでも広宣流布《こうせんるふ》のために行動しようと挑戦する。その心が尊《とうと》い。たとえ短時間でも、勇《いさ》んで活動に取り組めば功徳《くどく》は大きい。むしろ、困難な環境の中でこそ成長できるのです。

御書《ごしょ》に「極楽百年《ごくらくひゃくねん》の修行《しゅぎょう》は穢土《えど》の一日の功徳に及《およ》ばず」（三二九ページ）と御約束の通りです。大事なのは、心が広宣流布へ向かっていることです。

「きょうは学会活動に行けないけれども、すべて信心の戦いと思って、仕事に全力を尽くそう」「休日は会合に参加できるよう頑張ろう」「皆の前進のために一分でも題目をあげよう」――そう思えれば、勝利です。その強き一念があれば、諸天《しょてん》が動いて、必ずいい方向に進んでいく。

ともあれ、皆、さまざまな事情がある。リーダーは一人ひとりの状況をよく聞いて、全員が勇気と希望をもって前進できるよう、具体的な励ましを送ってほしい。

――池田先生が男子部の第一部隊の部隊長として、下町《したまち》を奔走《ほんそう》された時の歴史を伺《うかが》っております。仕事が忙しくて、会合に来られない部員さんのために、先生は自転車で路地裏《ろじうら》を駆《か》けめぐって足を運ばれました。一緒に銭湯《せんとう》に行って語り合われたり、残業の多い友のため、日曜日に先生のご自宅で懇談をされたり。そうした体当たりの激励によって、無名の青年が一人また一人と、広布の第一級の闘士《とうし》に育っていったのですね。

池田 心は心に通じます。一言の励ましでも、それが一生の支《ささ》えになる場合もある。だから、リーダーは「声を惜《お》しまず」語ることです。

私は東京と大阪を往復する夜行列車でも、励ましの葉書《はがき》を綴《つづ》りました。今のように、携帯電話やメールなど、なかったんだよ。

ともあれ、若い柔軟《じゅうなん》な頭を使って工夫《くふう》すれば、友を励ますことはいくらでもできる。

――仕事と学会活動の両立については、先生の奥様も『香峯子抄《かねこしょう》』で、「『両立』へ努力することが、将来になってみますと、自分自身の境涯《きょうがい》を広げ、福運を積《つ》み、生活力、生命力となって、人生を大きく開いていく礎《いしずえ》になることは、確かだと思います」と語ってくださっています。女子部メンバーにとって、大きな励ましであり、手本です。

池田　私と対談集を発刊した「欧州統合の父」クーデンホーフ＝カレルギー伯爵《はくしゃく》も、「現実に一歩前進することは空想で何千歩進むより以上の価値がある」(2)と言われていた。今いる場所で、勇気をもって一歩を踏み出していくのです。そこから開ける。

◆自身が妙法の当体《とうたい》

――仕事柄、寮生活などで、御本尊《ごほんぞん》を御安置《ごあんち》できないという悩みをもったメンバーもいます。

池田　かつて戸田先生に、入会まもない女子部員が「『南無妙法蓮華経《なんみょうほうれんげきょう》』の意味について教えてください」と質問をしたことがあった。

先生は、満面に笑《え》みを浮かべて答えてくださった。

「いい質問だね。南無妙法蓮華経とは、つきつめれば、日蓮大聖人《にちれんだいしょうにん》の御命《おんいのち》と断じてさしつかえない。大聖人の御生命が南無妙法蓮華経ですから、弟子たるあなたの生命も同じく南無妙法蓮華経なのだよ。自信をもち、胸を張って、朗《ほが》らかに生きなさい」

自分自身が妙法蓮華の当体《とうたい》です。

ゆえに一人として絶対に不幸になど、なるわけがない。

御本尊を御安置できるように真剣に祈ることは当然として、信心を貫《つらぬ》き、同志と前進するかぎり、何一つ心配する必要はありません。

――ところで仏法と世法の関係でいえば、「観心本尊抄《かんじんのほんぞんしょう》」には、「天晴《てんは》れぬれば地《ち》明《あきら》かなり法華《ほっけ》を識《し》る者は世法《せほう》を得可《うべ》きか」（御書二五四ページ）と仰《おお》せです。

池田　妙法を信じ、行《ぎょう》ずることによって、仕事や生活など社会のあらゆる営《いとな》みで思う

「現実に一歩前進することは
空想で何千歩進むより以上の価値がある」

クーデンホーフ＝カレルギー

存分、智慧《ちえ》を発揮して活躍していくことができる。

これが仏法の力《ちから》です。仏法は最高の人間学といえる。目的観や倫理観がますます見失《みうしな》われている現代社会にあって、その深い闇《やみ》を照らしゆく希望の太陽こそ、君たち創価の青年なのです。


――池田先生が対話された、国際宗教社会学会のドブラーレ元会長も、創価学会の特質を、次のように評価しておられました。

それは、「宗教にとって最も本質である生《せい》の活力・躍動の力がある。勤行《ごんぎょう》はその源泉《げんせん》といえる」「信仰が単に個人の次元にとどまらず、社会的責任、社会的自覚を養《やしな》い、会員が社会の各分野で活躍している」「自分たちの社会の発展だけを願うのではなく、『地球的規模』で共同体を築く運動を展開している」等の点です。


池田　私たちの「仏法即《そく》社会」の前進が、文明史のうえからも、どれほど重要か。

戸田先生は、「社会に信念の人を」と言われていました。

また「現実社会から遊離《ゆうり》した宗教屋には、絶対になるな」「国家、世界に大いに貢献しゆく指導者と育ちゆけ」と期待された。
自分だけの幸福ではない。人々の幸福、社会の繁栄を願い、その実現に尽くすのが真の仏法者です。今の社会には、心が乾《かわ》き、荒れ地のようにすさんでしまった人もいる。自分の居場所を失い、闇の中をさまよい苦しむ若者も少なくない。
皆さんは同世代の人たちに励ましと希望を送りゆく一人ひとりであってほしい。苦悩する青年の「心の安全地帯」「精神のセーフティーネット（安全網）」と光る存在であってもらいたいのです。「善《ぜん》の連帯」が社会に広がることで、時代を変革することができるからです。

―― 大企業の社長や役員の秘書として活躍し、その明るい人柄と誠実な姿勢で、「学会の女子部は本当に素晴らしい」と深い信頼を勝ち取っている友もいます。教育、芸術、学術など、あらゆる分野で女子部メンバーが生き生きと活躍しています。

池田 女子部の持つ使命が、どれほど大きいか。大聖人は「女子《おなご》は門《もん》をひらく《開》」（御書一五六六ページ）と仰《おお》せになられました。

アメリカ・エマソン協会の前会長で女性詩人のワイダー博士は、地域や社会で「平和の門」を広げる女子部の活躍を、「皆様と一緒にいるだけで、私は幸福な気持ちになります。団結を強めゆく皆様方の麗《うるわ》しい人間の結びつきこそ『平和の文化』の土台です」と賞讃《しょうさん》してくださいました。

妙法の乙女《おとめ》が真剣に立ち上がれば、周囲の環境を大きく変えていくことができる。そのためにも、日々の聡明にして爽《さわ》やかな言動が大事です。

――「教主釈尊《きょうしゅしゃくそん》の出世《しゅっせ》の本懐《ほんかい》は人の振舞《ふるまい》にて候《そうらい》けるぞ」（御書一一七四ジペー）と述べられている通りですね。

池田　仕事にしても、まずは朝に勝つことです。

朝、御本尊に真剣に祈り、満々たる生命力で職場に行くことだ。そして、清々《すがすが》しい声で「おはようございます！」とあいさつをする。

「声《こえ》仏事を為《な》す」（御書七〇八ジペー）です。自身の「声」で、皆を元気にする。職場を明るくする。そういう気概を持つことです。

遅刻したり、だらしない姿で出勤するようでは、信頼を勝ち取ることはできない。朝に勝つことが、人生に勝つことです。

◆信頼厚き存在に

池田 今は乱世《らんせ》です。皆は、断じて負けてはいけない。自分が強く、賢《かしこ》くなることです。力《ちから》をつけることです。

大聖人門下《だいしょうにんもんか》の池上兄弟《いけがみきょうだい》は、鎌倉幕府《かまくらばくふ》の建設・土木事業を担《にな》う家柄の出身です。ところ

自身の「声」で、皆を元気にする。職場を明るくする。
そういう気概を持つことです。

がある時、周囲の讒言《ざんげん》によって、鶴岡八幡宮《つるがおかはちまんぐう》の再建工事の担当から外《はず》されてしまった。いわば自分の仕事を失ったわけです。

がっくりと肩を落としたであろう兄弟に対し、大聖人は、このことは「天の計《はか》らいであろうか」（御書一一〇七ジペー、趣意）と励まされています。「あなた方のために、深い意味があるのです」と仰《おお》せです。そして「造営の工事から外されたことをうらむような様子を見せてはならない」「（作業道具の）のこぎりや、かなづちを手に持ち腰につけ、常に、にこやかな姿をしていなさい」（同）と御指導されています。

思うようにいかないことがあっても、へこたれてはならない。くさってはならない。卑屈《ひくつ》になってもならない。

忍耐強く、根を張って時を創《つく》ればよいのです。

信心とは、現実の大地に「幸福の根を張ること」です。やがて必ず芽が出て、爛漫《らんまん》たる花が咲く、栄光と勝利の春が来ます。学生部など就職活動で苦闘する友もいるだろうが、頑張ってほしい。

――皆で励まし合い、朗《ほが》らかに前進していきます。

池田　大聖人は、苦難と戦う四条金吾に対し、「主《しゅ》の御《おん》ためにも仏法の御ためにも世《せ》間《けん》の心《こころ》ねもよかりけり・よかりけりと鎌倉の人人《ひとびと》の口《くち》にうたはれ給《たま》へ」（御書一一七三ページ）と励まされました。

仕事の次元においても、仏法の次元においても、社会の次元においても、依《え》怙《こ》依《え》託《たく》と仰《あお》がれる大勝利者になる――これが信仰の真髄《しんずい》の力《ちから》です。「人間革命」の光なのです。

（1）ロバート・V・ブルース『孤独の克服――グラハム・ベルの生涯』唐津一監訳、NTT出版

（2）『実践的理想主義』鹿島守之助訳、鹿島研究所出版社

第3章

御書とともに

『勝利の経典「御書」に学ぶ』等から

御《おん》みやづかい《仕官》を法華経《ほけきょう》とをぼしめせ、「一切世間《いっさいせけん》の治生産業《ちせいさんぎょう》は皆《みな》実相《じっそう》と相違背《あいいはい》せず」とは此《こ》れなり

（「檀越某御返事《だんおつぼうごへんじ》」、御書一一二九五《ペ》《ジ》）

日々、真剣に仕事を果たすことが、そのまま一日中、常に、法華経《ほけきょう》の修行《しゅぎょう》をしていることになると仰《おお》せなのです。

「信心」は即《そく》「生活」であり、「仏法」は即「社会」なのです。また仏法は勝負です。一番、真面目《まじめ》に信心をし抜いた人が、最後は必ず勝つのです。

◇

戸田《とだ》先生は、「（この御文が認《したた》められている）檀越某御返事《だんおつぼうごへんじ》を、目や頭で読まずに、体《からだ》で

読んでほしい」と、常々、語られていました。

私も若き日、戸田先生のもとでお仕《つか》えしましたが、本当に厳しい薫陶《くんとう》の連続でした。学会活動を理由に、仕事を疎《おろそ》かにすることなど、断じて許されませんでした。

「信心は一人前、仕事は三人前」と、信仰者としての姿勢を、厳格《げんかく》に教えられました。

◇◇

少々、長くなりますが、「御《おん》みやづかい《仕官》を法華経とをぼしめせ」を拝《はい》した、戸田先生のご指導を紹介しておきます。

「自己の職業に、人一倍打ち込もうともせず、ただ漠然《ばくぜん》として、信心していけば功徳《くどく》があらわれて、なんとか成功するであろう、などと考えるのは、これ、大いなる誤《あやま》りである」

「わが職業に歓喜《かんき》を覚えぬような者は、信心に歓喜なき者と同様であって、いかに題目を唱えようとも、社会人として成功はあり得《え》ようがない」

「職業をよくよく大事にして、あらゆる思索《しさく》を重ねて、成功するよう努力すべきである。また、会社やその他への勤《つと》め人は、自分の勤めに、楽しみと研究とを持ち、自分の持ち場をがっちりと守る覚悟の生活が大事である」
「学会人は、わが職業を御本尊《ごほんぞん》と思い、それに恋慕《れんぼ》し、心に渇仰《かつごう》を生じなくてはならない。かかる人こそ、御本仏《ごほんぶつ》の御意《おこころ》にかなう人である。かくのごとき人こそ、信心に透《とう》徹《てつ》した人といわなくてはならない」

もちろん、仕事を取り巻く環境は、当時とは変わっています。しかし、信仰者としての生き方の根本の精神は、いささかも変わりません。否《いな》、変わってはなりません。

◇◇

どんな仕事でも、どこの職場でも、真剣勝負で働いて、信頼を勝ち得《え》てきたことが、私の青春の誉《ほま》れです。

「御《おん》みやづかい《仕官》」の御文の後には、法華経《ほけきょう》の文の趣旨《しゅし》を天台大師《てんだいだいし》が説明した「一切世《いっさいせ》間《けん》の治生産業《ちせいさんぎょう》は皆《みな》実相《じっそう》と相《あい》違背《いはい》せず」との言葉が記《しる》されています。

これは法華経を持《たも》った人の功徳《くどく》を述べた一節で、「あらゆる一般世間の生活を支《ささ》える営《いとな》み、なりわいは、すべて実相（妙法《みょうほう》）と相反《あいはん》することはない」と教えられています。

◇◇

もとより政治といい、経済といっても、それはすべて「人間のため」のものでなければならない。人間の幸福こそ、あらゆる社会の営みの、最高・究極《きゅうきょく》の目的だからです。

妙法は、この幸福を築きあげるために、人間一人ひとりの生き抜く力《ちから》を開き顕《あらわ》します。誰もが自身の内に仏《ほとけ》という無限の力を秘《ひ》めている。その力を顕現《けんげん》させるのが、妙法です。

妙法の信心は、困難に立ち向かう勇気や、智慧《ちえ》や忍耐力をもたらす本源《ほんげん》の力です。ゆえに、信心を根本とした私たちの行動は、すべて妙法の光明《こうみょう》に照らされ、希望と幸福の方向へと価値創造していけるのです。

どんな職場、どんな立場であっても、自分らしく、人のため、社会のために行動していく。そして、「あの人はさわやかだ」「あの人は信頼できる」「あの人は頼《たよ》りになる」と賞讃《しょうさん》されていく。これでこそ、「信心即《そく》生活」「仏法即社会」の姿です。

一代《いちだい》の肝心《かんじん》は法華経《ほけきょう》・法華経の修行《しゅぎょう》の肝心は不軽品《ふきょうぼん》にて候《そうろう》なり、不軽菩薩《ぼさつ》の人を敬《うやま》いしは・いかなる事《こと》ぞ教主釈尊《きょうしゅしゃくそん》の出《しゅっ》世《せ》の本懐《ほんかい》は人の振舞《ふるまい》にて候《そうらい》けるぞ

（「崇峻天皇御書《すしゅんてんのうごしょ》」、御書一一七四ジペー）

法華経《ほけきょう》は、釈尊《しゃくそん》の「出世《しゅっせ》の本懐《ほんかい》（仏《ほとけ》がこの世に出現した根本の目的）」の経典であると言われます。この法華経の精神を体現する不軽菩薩《ふきょうぼさつ》の実践が説《と》かれたということは、釈尊の出世の本懐は、「人の振《ふ》る舞《ま》い」を示すことにこそあったということです。

「法自《おのずか》ら弘《ひろ》まらず人・法を弘むる故《ゆえ》に人法ともに尊《とうと》し」（御書八五六ジペー）との仰《おお》せのごとく、「法」は結局、「人の振る舞い」として現《あらわ》されてこそ、その尊さが知られ、弘めら

れていくのです。

◇◇

万人《ばんにん》の尊敬という不軽菩薩の「振る舞い」は、万人の成仏《じょうぶつ》という仏の真意《しんい》を説く法華経の思想を体現したものです。それゆえに、不軽菩薩の「人を敬《うやま》う振る舞い」は仏の真意そのものなのです。

妙法《みょうほう》を信じ、仏性《ぶっしょう》の顕現《けんげん》という妙法の功徳《くどく》を身に体現《たいげん》した「人の振る舞い」こそが、妙法の尊さを証明することができる。そして、妙法の功徳を身に現した「人の振る舞い」は、必ず「人を敬う」という特色をもつのです。

◇◇

「人を敬う振る舞い」に徹していくことこそ、宿命転換《しゅくめいてんかん》・六根清浄《ろっこんしょうじょう》という生命変革をもたらす力《ちから》です。

この法華弘通《ぐつう》の振る舞いを生涯貫《つらぬ》くことによって、成仏という根本の勝利を成就《じょうじゅ》できるのです。それは「万人に仏性あり」との哲学を信解《しんげ》しぬく「信念の実践」です。

法華経《ほけきょう》を信ずる人は冬のごとし 冬は必ず春となる

（「妙一尼御前御返事《みょういちあまごぜんごへんじ》」、御書一二五三㌻）

「法華経《ほけきょう》を信ずる人は冬のごとし」――それは、一切の宿命《しゅくめい》と戦い、乗り越え、「成仏《じょうぶつ》への厳然たる軌道《きどう》」を歩んでいきなさいとの厳父《げんぷ》の慈言《じげん》と拝《はい》することができます。

その成仏への軌道を「冬は必ず春となる」と示されているのです。

冬は春となる。秋に逆戻りすることはない――。これは誰《だれ》も動かすことのできない自然の法則です。同じように、成仏の大法である妙法《みょうほう》を受持《じゅじ》しきった人が仏《ほとけ》になれず、まして、凡夫《ぼんぷ》の迷《まよ》いのままで終わるはずがない。

◇

妙法を聞いて信受《しんじゅ》した人は「無一不成仏《むいつふじょうぶつ》」――一人ももれなく成仏する。これが法華経に説《と》かれた仏のお約束です。生命の大法則です。

仏の眼《まなこ》から見れば、誰人《だれびと》にも幸福になる権利がある。誰もが、歓喜踊躍《かんきゆやく》の人生を送ることができる。いわんや胸中《きょうちゅう》の妙法を涌現《ゆげん》する方途《ほうと》を知っているのが、日蓮《にちれん》仏法を持《たも》った私たちです。ゆえに私たちには、幸福になる権利があるだけでなく、真の幸福を万人《ばんにん》に開いていく大いなる使命もあるのです。

「冬は必ず春となる」とは、「信心の試練《しれん》を勝ち越えた凡夫は必ず仏となる」ということです。本来、誰もが胸中に仏の生命をもっています。それを開き現《あらわ》していく人生の軌道に入った大聖人《だいしょうにん》門下が成仏できないわけがない、との師子吼《ししく》が轟《とどろ》いてきます。

◇◇

厳しい宿命転換《てんかん》の戦いがあって初めて「春」を到来させ、福運を築くことができる。ゆえに試練の冬を避《さ》けてはならない。

鍛錬の冬に挑戦しゆく勇気があれば、私たちは、成仏という「偉大な春」へ、広宣流《こうせんる》布《ふ》という「最高の春」へと、無限に前進していくことができます。

> 中務三郎左衛門尉《なかつかさざぶろうざえもんのじょう》は主《しゅ》の御《おん》ためにも仏法《ぶっぽう》の御ためにも世間《せけん》の心ね《根》もよ《吉》かりけり・よかりけりと鎌倉《かまくら》の人人《ひとびと》の口《くち》にうたはれ給《たま》へ
>
> （「崇峻天皇御書《すしゅんてんのうごしょ》」、御書一一七三ページ）

四条金吾《しじょうきんご》（＝中務三郎左衛門尉）の根本的な勝利のために、指標《しひょう》として、「主《しゅ》の御ためにも仏法《ぶっぽう》の御ためにも世間の心ね《根》もよ《吉》かりけり・よかりけりと鎌倉《かまくら》の人人の口《くち》にうたはれ給《たま》へ」と呼びかけられています。

具体的には、主君との信頼関係の再構築、信仰者としての不退《ふたい》の実践、世間からの信用という三つの勝利が必要であると示されています。

この三つに、仏法《ぶっぽう》の内薫《ないくん》という「心の財《たから》」が輝いているのです。言い換《か》えれば、人間として生きるすべての局面において、仏性《ぶっしょう》の輝きを放つときこそ、真の勝利であるということです。

そして、その勝利の証《あかし》として、「よ《吉》かりけり・よかりけりと鎌倉の人人の口にうたはれ給へ」と示されています。これは、仏法者の勝利の実証の姿として重要な指針です。

すなわち、根本的な勝利とは、人々が「よ《吉》かりけり・よかりけり」と賞讃《しょうさん》せずにはいられない〝人間性の輝き〟にあるのです。

また、一人ひとりがこうした信頼を勝ち得ることが広宣流布《こうせんるふ》の戦いであるともいえるでしょう。周囲から「よ《吉》かりけり」と賞讃されることは、仏法者としての「人間性の力《ちから》」以外の何ものでもありません。

「心の財」の力があるがゆえに、人々から信頼され、模範の存在として高い評価を得《え》る。仏性が人間性の輝きとして現《あらわ》れ、その素晴らしさが、信心をしていない人々の心をも打っていく。「あの人は、どこか違う。輝いているものを持っている」という信用を得ることが、仏法の確かな実証です。

強盛《ごうじょう》の大信力《だいしんりき》をいだして　法華宗《ほっけしゅう》の四条金吾《しじょうきんご》・四条金吾と鎌倉中《かまくらじゅう》の上下万人《じょうげばんにん》　乃至《ないし》日本国の一切衆生《いっさいしゅじょう》の口《くち》にうたはれ給《たま》へ
（「四条金吾殿御返事《しじょうきんごどのごへんじ》」、御書一一一八ページ）

日蓮大聖人《にちれんだいしょうにん》は「強盛《ごうじょう》の大信力《だいしんりき》をいだして」と仰《おお》せです。強き信力・行力《ぎょうりき》に、偉大な仏力《ぶつりき》・法力《ほうりき》も尽《つ》きることなく現《あらわ》れるのです。どこまでも、「強盛な大信力」をいだして、大目的に向かって、大確信をもって、悠然《ゆうぜん》と突き進んでいこうではありませんか。

そして大聖人は「法華宗《ほっけしゅう》の四条金吾《しじょうきんご》、四条金吾と、鎌倉中《かまくらじゅう》の上下万人、さらには日本国の一切衆生の口《くち》にうたわれていきなさい」と励まされています。

「法華宗の四条金吾」、すなわち「日蓮大聖人門下の四条金吾」として、日本中の人々から賞讃《しょうさん》される人物になりなさいと教えられているのです。

「信心即《そく》生活」です。「仏法即社会」です。社会の中で、信心根本に絶対勝利の実証を示し、人々から讃嘆《さんたん》されることこそ、仏法者のあるべき正しい姿です。

「法華宗の四条金吾」――この御指導は、永遠の指標《しひょう》です。

学会員は、この御金言を心肝《しんかん》に染《そ》め、現実の人生に妙法の果徳《かとく》を厳然と現《あらわ》しながら生き抜いてきました。これ以上の尊き、素晴らしき人生はありません。

大聖人は「あしき名さへ流す況《いわん》やよき名をや」（御書一一一八ジペー）と述べられています。世間での悪評《あくひょう》はあっという間に有名になります。良い評判であるなら、なおさらです。さらに大聖人は「何《いか》に況《いわん》や法華経ゆへの名をや」（同）と仰《おお》せです。

法華経という最第一《さいだいいち》の哲理《てつり》に生きて得《え》られる栄光こそ、最大無上の誉《ほま》れと輝くのです。

蔵《くら》の財《たから》よりも身《み》の財すぐれたり 身の財より心《こころ》の財第一なり
（「崇峻天皇御書《すしゅんてんのうごしょ》」、御書一一七三ジペー）

「蔵の財《たから》」とは、物質的な財産のこと。

「身の財」とは、健康や身につけた技能。

「心の財」とは、一面から言えば、「心の豊かさ」のことです。根本的には「信心」であり、信心によって磨《みが》かれる「仏性《ぶっしょう》の輝き」です。

この一節で大聖人《だいしょうにん》が示されているのは、三種の「財」の順序、すなわち明確な価値基準です。

◇◇

「心の財」を根本とした時に、実は「蔵の財」も、「身の財」もその真実の価値を正しく発揮することができるのです。

一言で言えば、「心の財を築く」という人生の根本目的が大事です。この根本目的を喪失《そうしつ》してしまえば、たとえ「蔵の財」や「身の財」をもっていようとも、それらへの執着が生ずる。それは失《うしな》うことへの不安ともなり、かえって苦しみの因《いん》となる。

◇◇

この簡潔な御聖訓《ごせいくん》は年齢を重ねるとともに一段と重みを増して拝《はい》されます。人生の最終章は、いかなる「財」を自身が積《つ》んできたか、その総決算が問われるからです。

大聖人は、「蔵の財」「身の財」「心の財」の三種の財を通して、最高の生き方は「心の財」を積むことであると教えられます。

この「心の財」は、決して病《やまい》や老《お》い、死によって崩《くず》れるようなものではない。むしろ三世にわたり、自身を幸福の軌道《きどう》へと導き、常楽我浄《じょうらくがじょう》の境涯《きょうがい》を開いていく力《ちから》です。揺《ゆ》るぎなく「心の財」を積んだ人は、常に悠々《ゆうゆう》と、あらゆる苦難を乗り越えていけるのです。

「過去《かこ》の因《いん》を知らんと欲《ほっ》せば其《そ》の現在の果《か》を見よ 未来の果を知らんと欲せば 其の現在の因を見よ」

（「開目抄《かいもくしょう》」、御書二三一ジペー）

日蓮大聖人《にちれんだいしょうにん》は、「開目抄《かいもくしょう》」でこの心地観経《しんじかんぎょう》の文を引用されています。

この経文は、過去世・現在世・未来世の三世《さんぜ》にわたる生命の因果律《いんがりつ》を説《と》いています。現在の姿を見れば、過去世の因がわかる。また現在の姿を見れば、未来の果もわかるという意味です。

◇◇

信心とは、過去から現在、また現在から未来への幸福を照らし出す道です。

「過去の因」に縛《しば》られ、「現在の果」を嘆《なげ》く人生は不幸です。確かに、一面では「過去の因」があって今がある。しかし、今の自分の境涯《きょうがい》を高めていくことで、過去の因は悪因《あくいん》ではなくして善因《ぜんいん》となる。過去に囚《とら》われない。否《いな》、過去さえも変えていくことができるのです。

そして、今この瞬間の一念が変われば、それが「現在の因」となって「未来の果」をいくらでも変えていけます。

日蓮仏法は、太陽の仏法です。現実を変革し、未来を創《つく》る希望哲学です。わびしさや諦《あきら》めなどない。くよくよ愚痴《ぐち》をこぼすことなどありません。

今の一念がどうか。それによって、常勝の道が深く、強く、できあがっていく。生死流転《るてん》の苦しみを断ち切り、勝利と栄光の果を創造していけるのです。

◇◇

過去がどうあれ、これまでがどうあれ、最も強い本因《ほんいん》を新たに植えて生命の潮流《ちょうりゅう》を巻き返すことができる。そして「前へ！　前へ！」と未来を勝ち開いていけるのが、我《われ》らの信心です。

夫《そ》れ仏法《ぶっぽう》と申《もう》すは勝負《しょうぶ》をさきとし、王法《おうほう》と申すは賞罰《しょうばつ》を本《もと》とせり、故《ゆえ》に仏《ほとけ》をば世雄《せおう》と号《ごう》し王をば自在《じざい》となづけたり

（「四条金吾殿御返事《しじょうきんごどのごへんじ》」、御書一一六五ジペー）

四条金吾《しじょうきんご》の最大の試練にあって、真実の勝利を勝ちとるために、この「仏法《ぶっぽう》は勝負」の哲学を教えられたのです。

ここでは、仏法と王法《おうほう》の二つに言及《げんきゅう》されています。

◇◇

仏法は、世法上《せほうじょう》の価値を否定するものではありません。しかし、財産や地位・名誉など、世法上の価値に執着《しゅうちゃく》したり、王法の横暴《おうぼう》な権力を恐れたりして、人間として最も根

本の価値となる仏法を忘れてしまえば、真の幸福を実現することはできません。魂《たましい》の敗北とならざるをえないのです。

それゆえに、常に人生の根本基準として決然と仏法を選び取ることです。しかも、現実の生活のうえで、最後には勝利の姿を現《げん》じていく粘《ねば》り強い戦いが重要となります。

仏法を根本とするということは、王法の賞罰《しょうばつ》や、世法の毀誉褒貶《きよほうへん》に揺《ゆ》るがない不動の信心を貫くことです。

「仏法と申すは勝負をさきとし」とは、まず何があっても、勝《すぐ》れた根本の仏法に基づいていくという信念です。それゆえに、必ず結果として仏法の実証を現《あらわ》していくという決意と実践です。

ここで大聖人は、「世雄《せおう》」という仏の称号を挙《あ》げられています。その理由は、仏法の深い智慧《ちえ》で、本当に価値あるものを見極《みきわ》め、社会の中で堂々と、真の幸福勝利の人生を築くことの大切さを示されるためであると拝《はい》せます。

「世雄」とは、あらゆる世間の中で最も勝れた智慧を体得して、煩悩《ぼんのう》に打ち勝ち、ゆるぎない幸福境涯《きょうがい》を開いた勇者のことです。

深《ふか》く信心《しんじん》を発《おこ》して日夜朝暮《にちやちょうぼ》に又懈《またおこた》らず磨《みが》くべし何様《いかよう》にしてか磨くべき只《ただ》南無妙法蓮華経《なんみょうほうれんげきょう》と唱《とな》へたてまつるを是《これ》をみがくとは云《い》うなり

（「一生成仏抄《いっしょうじょうぶつしょう》」、御書三八四ジペー）

生命変革への具体的な実践である「唱題行《しょうだいぎょう》」について示された御聖訓《ごせいくん》です。牧口《まきぐち》先生も自《みずか》らの御書に線を引かれていました。

日蓮大聖人《にちれんだいしょうにん》は万人《ばんにん》が成仏《じょうぶつ》を成《な》し遂《と》げるために御本尊《ごほんぞん》をあらわされ、「南無妙法蓮華経《なんみょうほうれんげきょう》の唱題行」を確立されました。全民衆が等しく実践できる仏道修行《ぶつどうしゅぎょう》の道を開いてくださったのです。まさに、偉大な宗教革命です。

日蓮仏法においては、「我《わ》が一念の変革」こそが重要であると明かされているのです。一般的に「衆生《しゅじょう》」と「仏《ほとけ》」とは、かけ離れた存在と考えられがちです。しかし大聖人は、両者に隔《へだ》たりはなく、「迷《まよ》い」と「覚《さと》り」の違いにすぎないと仰《おお》せです。この「迷い」の生命を、そのまま「覚り」の生命に変革する方途《ほうと》が唱題行です。

◇◇

題目を唱え切っていく時、私たちの生命が錬磨《れんま》され、無明《むみょう》を打ち払うことができる。そして、広大な仏の生命と智慧《ちえ》を開きあらわしていくことができるのです。まさしく日々の勤行《ごんぎょう》・唱題行で、自身の生命を磨《みが》き、境涯《きょうがい》を革命していけるのです。

御文では、そのための要件《ようけん》が挙《あ》げられています。一つは「深く信心を発《おこ》して」、もう一つは「日夜朝暮《にちやちょうぼ》に又懈《またおこた》らず」との仰せです。

成仏《じょうぶつ》を阻《はば》む根本の迷いである無明と戦うためには、深い信心を起こす「勇気」が必要です。また、一生成仏《いっしょうじょうぶつ》のためには、弛《たゆ》むことなく「持続の信心」を重ねていくことが大切であると教えられているのです。

心の師とは・なるとも心を師とせざれ

（「兄弟抄《きょうだいしょう》」、御書一〇八八ジペー）

「心こそ大切なれ」（御書一一九二ジペー）です。

「心こそ大切に候《そうら》へ」（御書一三一六ジペー）です。

「心」には、生命に無上《むじょう》の尊極性《そんごくせい》を開く力《ちから》があります。一方で、無明《むみょう》につき動かされ堕落《だらく》するのも「心」です。したがって「心」の変革こそが一切の根幹《こんかん》となります。

その時に、凡夫《ぼんぷ》の揺れ動く自分の「心」を基準《きじゅん》にしては、三障四魔《さんしょうしま》の烈風《れっぷう》が吹《ふ》く険《けわ》しき尾根《おね》を登ることはできません。絶対に揺るがない成仏《じょうぶつ》の山頂を見据《みす》えて、「心の師」を求め抜くしかありません。

◇◇

「心の師」――断固として揺れ動くことのない不動の根拠とは「法」しかありませ

ん。したがって、「法」を悟《さと》り弘《ひろ》める仏の説《と》き残した「経典」が大事になります。私たちで言えば、「御本尊《ごほんぞん》根本」「御書《ごしょ》根本」の姿勢が「心の師」を求めることになります。

そして、「法」と私たちを結びつけるのが、仏法実践の「師匠《ししょう》」の存在です。自分中心の慢心《まんしん》ではなく、師弟不二《ふに》の求道の信心に生き抜くことが「心の師」を求める生き方にほかなりません。

そして、どこまでも「心の師」――「法」を根本として生き抜くことを示されているのが（この御文に続く）次の一節です。

「たとえ、心を煩《わずら》わせる、どのようなことがあっても、夢と思って、ただ法華経のことだけに専念《せんねん》していきなさい」（通解）

いかなる事象《じしょう》も、永遠という壮大なスケールから見れば、すべて一時《いっとき》の夢の出来事にすぎない。

「法」は永遠の存在です。ゆえに、三障四魔に敗れて「法」から離れてしまえば永遠の後悔を残してしまう。ただ「法華経の事のみ」、ただ広宣流布《こうせんるふ》を見つめて、永遠の勝利のために信仰を貫いていきなさいとの仰《おお》せです。

第4章

今いる場所で勝つ

折々の励ましの言葉

先人たちの姿勢に学ぶ

（往復書簡集『人生問答《じんせいもんどう》』を編《あ》み、交友《こうゆう》を結んだ実業家・松下幸之助《まつしたこうのすけ》氏の言葉を引きながら）氏は言う。

——初めての出勤の日、家に帰って家族に何と報告するか。たとえば「あまりたいしたところじゃない」「期待はずれだ」と嘆《なげ》くか。それとも、「期待していた以上にいいところだ」「入《はい》れてよかった！」と喜ぶか。この一点で、将来に天地の違いが生まれる。

もちろん後者であるべきだ、と。といってもそれは、単なる現状肯定《こうてい》ではない。そもそも、初めからすべて思い通りの現実などあるはずがない。

しかし、「いい職場だ！」「働きがいがありそうだ！」「一生懸命がんばるよ！」と、はつらつと言うことによって、それが自然に自分の決意となり、「実際に良くしていこう」という前向きな方向に心が定まっていく。

また、そう言いきっていけば、家族や周《まわ》りの人も、ほっとする。安心を与える。皆が気持ちいい。

そのように、お世話になってきた人たちへの配慮《はいりょ》ができる人、誠実さと熱意をもった人は、どこにあっても間違いなく「その場所を背負《せお》って立つ人」「いなくてはならない人」になる——

これが、企業で長年、人物を見てきた松下さんの結論なのである。

かりに、内心では「期待はずれだ」との気持ちがあっても、あえて「すごいところだ」「私の会社は黄金の場所だ」と自分に言い聞かせていく、人にも語っていく——そうすることによって、自分の一念が変わる。

一念が変われば、一切が、その方向に動き始める。

「よし!」と決めた瞬間、全神経が、ぱーっと、その方向に向く。「だめだ」と思えば、その瞬間に、全神経が委縮《いしゅく》し、本当に「だめ」な方向に向かっていく。

この「微妙《びみょう》なる一念の劇」を知っていただきたい。

心の置き方ひとつ、心の向きひとつで、自分も環境も大きく変わる。

松下幸之助氏が、しみじみ語っておられたことも忘れられない。「池田《いけだ》先生、やっぱり、若い時の苦労は、買ってでもせにゃ、あきまへんなぁ」と。

仏《ほとけ》とは「能忍《のうにん》——能《よ》く忍《しの》ぶ」人をいう。

青年は、波乱万丈《はらんばんじょう》の人生でよいのである。いわんや人類の精神革命を為《な》さんとする人間は、生きるか死ぬかという苦難を求め、乗り越えてこそ、本物になる。

青春時代、いかに安穏《あんのん》であっても、それで自分の鍛えを忘れれば、結局、四十代、五十代になってから苦しむ。

今、私もまた、戸田《とだ》先生と同じ心で、青年に申し上げたい。

「苦労を求めよ！　自分を鍛えよ！」。そして「信用を磨き、信用を広げよ！」と。

◆◆

自動車生産を始める以前、優《すぐ》れた自動織機《しょっき》の製作に取り組んでいた豊田喜一郎《とよだきいちろう》氏は、こうも述べておられる。

「人はなんでもよい、ある一つの点に関しては世界の誰《だれ》にも負けないものをもつことが大切だ。自分は自動織機に関する限り、世界の誰にも負けない自信がある。この自信があるから、新しい事業をやるときにも、一《いっ》たん確信がつけば、どこまでも突進していけたのだ」

なにか一つでいい。だれよりも秀《ひい》でたものを持て――戸田先生も、このことを言われていた。

さらに豊田氏の言葉を紹介したい。

「吾々《われわれ》の文明を吾々自《みずか》らが開拓する所に吾々の生命の活路《かつろ》があり、前途の希望が生じ従《したが》って人生の快味《かいみ》を感じ、又《また》人間としての生甲斐《いきがい》を感ずるのである」

「発明は議論より生ずるものではなくして、実行によって生ずるのである」

重要なのは行動だ。自らの行動で、道を切り開いていくことだ。

膨大《ぼうだい》な研究を成し遂《と》げたトインビー博士は、こう語っておられる。

「半世紀の間、私は今までやっていた仕事が仕上がったその日に、次の仕事を始めたものであった。一息入れて休むということは絶対にしなかった。そして仕上げたいと切《せつ》望《ぼう》するこの熱心さは、年をとるにつれて増してきた」

「常に仕事をしていること、しかも全力を出して仕事をしていること、これが私の良心が義務として私に課《か》したことであった」(1)

生あるかぎり、間断《かんだん》なく、油断なく、さあ、きょうも、仕事をしよう！　これが、博士の情熱であり、信念であられた。

---

(1)『回想録　1』山口光朔・増田英夫訳、社会思想社

一日の大半の時間を使う仕事をどうとらえるかで、人生は百八十度違うものになってしまう。

◆◆

アメリカのノートン教授（デラウェア大学）が語っておられた。

――多くの学生は、仕事は「お金のため」だけだと思っている。幸福とはお金で願望を満たすことだと思っている。

しかし、欲望には限りがなく、どこまでいっても心は満たされない。本当の幸せは仕事のなかにある。仕事を通して、自分をつくり、自分を満たし、自分のなかにある自分だけの価値を引き出し、その価値を社会にも分かち与える。

仕事は「価値創造（創価）の喜びのためにあるのだ」――

使命の舞台で輝く

戸田《とだ》先生は、職業を選ぶ基準は「価値論」にあると言われていた。（中略）価値とは「美《び》・利《り》・善《ぜん》」です。簡単に言えば、「美の価値」というのは、好きだということ。「利の価値」とは、得《とく》ということ。収入になって、生活ができるということです。「善の価値」とは、人の役に立つ、社会に貢献できるということです。

戸田先生は「好きであり、得であり、善である仕事にたずさわるのが、だれびとにとっても理想と言える」と言われた。

◆

天職につける人は少ない。「好きだが、食べていけない」とか「得だが、好きではない」とか。それが現実でしょう。

また、自分が好きで、求め、夢を描いていた職業が、「自分に向いている職業」ではなかったということもある。

しかし、戸田先生は、まず、自分がいる場で「なくてはならない人」になれと言われた。自分の希望と違っても、それを嘆いているのではなく、その場で第一人者になれ、と。

そうすれば、次の道が開ける。そして次もまた頑張る。これを繰り返していけば、最後に必ず「好きで、得で、善の仕事」につけるのだと。

そして、その時、振り返ってみれば、それまで自分がやってきた努力が、全部、その天職の中に生かされていることがわかるだろう。何ひとつムダはなかったことがわかるのだと。これが妙法の偉大な功徳《くどく》だよと教えられたのです。

◆◆

戸田先生は、言われました。

「職業をよくよく大事にして、あらゆる思索《しさく》を重ねて、成功するよう努力すべきである」「自分の勤《つと》めに、楽しみと研究とを持ち、自分の持ち場をがっちりと守る覚悟の生活が大事である」と。

また「われら御本尊《ごほんぞん》を受持《じゅじ》する者は、その不景気を嘆《なげ》くだけであってはならない。偉大な生命力を発揮して、さてどうしたら良いかと考え、かつまた苦心をなして、この苦しい経済界を切り抜けるならば、これこそ地明《あき》らかなりとも、世法《せほう》を識《し》るともいうべきであろう」と。

大切なのは「智慧《ちえ》」です。「努力」です。「表現力」です。そして、その根底をなす「偉大な生命力」です。

〝仏法は真剣勝負〟――これが大聖人《だいしょうにん》の教えであります。

ゆえに仏法者は勝たねばならない。

仕事においても、生活においても、油断なく、堂々と、「勝つ心」「勝つ行動」「勝つ実証」を重ねてほしいのであります。

自分が今いる場所で、勝つ以外にない。

仏法でも「本有常住《ほんぬじょうじゅう》（＝本来そなわっていて、三世にわたって存在すること）」「娑婆即寂《しゃばそくじゃっ》光《こう》（＝現実の娑婆世界が、本来、仏の住する素晴らしい世界であること）」と説《と》く。

その場で光ることである。当面の仕事を避《さ》けないで、全力で頑張り抜いていけば、必ず、一番よい方向へと道が開けていく。

やがて〝これまでの苦労には、全部、意味があった。すべて、自分の財産になった〟――こうわかるようになる。その時こそ、諸君は勝利者である。

◆◆

仕事でも、活動でも、大事なことは、「今いる場所」で何かを残していくことだ。

「あの部署なら頑張れるのに」「あの地域ならば戦えるのに」と思うこともあるかもしれない。

しかし、現実はそれほど甘くない。自分自身が確立されていなければ、どんなところにいっても、結局、同じ問題で悩むものだ。すべては「自分」で決まるのである。

身勝手《みがって》な生き方では、人間としての〝芯《しん》〟をつくることはできないのである。

「どこでもいいです」「どんなところでも頑張ります」――こういう人が一番、強い。

今いる場所で、黙々と、わが使命を果たす人が一番、偉大なのである。

◆◆

大切なのは、どんな環境《かんきょう》にあっても自分自身が光っていくことである。

法華経《ほけきょう》には、「如蓮華在水《にょれんげざいすい》」（四七一ページ）との言葉がある。蓮華は、泥水《でいすい》の中にあって、それに染《そ》まることなく、美しい花を咲《さ》かせる。それと同じように、妙法を持《たも》った人は、どんなに厳しい現実にあっても、見事なる使命の花を開かせていける。

今いるその場所を、最高に幸福な「常寂光土《じょうじゃっこうど》」と輝《かがや》かせていくことができるのである。

◆◆

仕事は権利であって、義務ではないといいたい。仕事そのものは会社から課《か》せられた義務であっても、それを通じて自己を磨《みが》き、自己を輝かせ、自己を発揮していくという点において権利なのである。権利と感じていくところによろこびがあり、成長があり、主体者としての充実感が生まれる。

◆◆

どんな立場であれ、自分が会社を担っていくのだという決意で、全体観に立って、仕事をしていくことだ。どこにあっても、受け身ではなく、主体者、責任者の自覚をもつ――実は、これが、自分を大成させるかどうかの決め手でもある。

振る舞いの大切さ

人間にとって信用ほど大切なものはない。

しかも信用というものは、一朝一夕《いっちょういっせき》に築けるものではない。それは、積むに難《かた》く、崩《くず》すに易《やす》いものだ。十年かかって積んだ信用も、いざという時のちょっとした言動《げんどう》で失ってしまうこともある。

また、小才《こさい》で表面だけ飾《かざ》ったメッキは、大事な時にはげてしまう。苦難のなかを、まっしぐらに自《みずか》らの信念の道を真剣に誠実に生きぬいていく人こそ、最後にあらゆる人の信用を勝ち得ていくであろう。

地味《じみ》な、だれも見ていないような仕事であっても、それを大切にし、一歩一歩、忍耐づよく進んでいく不断《ふだん》の作業が大事である。学識も才知《さいち》も、信用を土壌《どじょう》としてこそ、真実の力《ちから》になることを忘れてはならない。

私どもが、社会の中で、生活のために職業に励むことも妙法《みょうほう》の修行に含まれている。私どもの一挙手《きょしゅ》一投足《とうそく》の振る舞いが、そのまま成仏《じょうぶつ》への道程なのである。信心を根本にして、どのように社会で生きていくか、生活していくか、日々の行動をしていくか、が大事である。それらの一つ一つの「振る舞い」が、すべて成仏への道のりとなっているからである。

◆

諸君は、職場・社会の「先輩」「同僚」「後輩」と、深い信頼のつながりを結ぶ努力も忘れてはならない。

日常の交友《こうゆう》や自分の振る舞いを通して、周囲の人々から信頼され、慕《した》われる存在になることが、社会で勝利しゆく大切な〝処世術《しょせいじゅつ》〟である。

男性は女性を大事にし、尊重していかねばならない。また、先輩は後輩を守り、伸ばしていくことだ。

立場が上になるほど、人に対して謙虚《けんきょ》になる。威張《いば》らない。その人が本当に偉い人間である。

◆◆

私は、これまで企業のトップをはじめ、各界を代表する多くの識者とお会いしてきました。本当に苦労し、鍛錬《たんれん》を重ねてきた一流の方は、パッと相手の本質を見抜いてしまいます。

例えば、会釈《えしゃく》や歩き方など、ちょっとした姿を見ても、「この青年は立派だな、優秀だな」「人格が素晴らしいな」と、すぐにわかってしまう。

大切なのは、真剣に学び、人間を鍛えていくことです。だれに対しても、誠実と真心で接していくことです。

◆◆

大いなる自分をつくることだ。光る人間になることだ。

たとえば、お辞儀《じぎ》一つとっても、一流の人間は違うものである。容姿《ようし》や服装で、人の真価は決まらない。振る舞いで決まる。誠実で決まる。

誠実の二字なくして、偉くなった人はいない。

誠実――ここに哲学の究極《きゅうきょく》があり、人間の世界を照らす光がある。

◆◆

人生においても、スピードが大切である。

一日の勝利は、まず朝の出発で決まる。

断じて「朝に勝つ」ことだ。すがすがしい心で、生き生きと仕事を開始することだ。

ここに、連続勝利の秘けつがあることを忘れてはならない。

ともあれ、時代は激しく揺《ゆ》れ動いている。ゆえに、「迅速《じんそく》な行動」こそが勝利の要諦《ようてい》である。

人間力を磨《みが》く

人生にとって何が大事か。

一つは、人々のために、いつも尽くしたい、役立ちたいと戦い抜くのだ。

二つには、人々から「あなたの励ましのおかげで、このように元気になりました」と感謝される人になることだ。

三つには、人々から「あなたは、なくてはならない人、私たちにとって大事な人」と言われる人になることだ。

◆◆

私たちの結びゆく親交は、相手の幸福を願うとともに、共に地域・社会の繁栄と平和を実現していこうという心から発する、人間交流である。

ゆえに、信頼を勝ち取り、相手にも啓発《けいはつ》を与えられる自分になることが大事だ。そのためには、わがままや自分勝手な生き方を排《はい》し、日々、自分を高めゆく努力がなくてはならない。

そこに、自身の成長も、「人間革命」もあることを知っていただきたい。

◆◆

（私の）職場の先輩には、さまざまな人がいた。懸命に働く人もいれば、与えられた仕事だけを適当にこなす人や、手抜きをして、要領《ようりょう》よく振る舞う人もいた。

いいかげんな先輩に歩調を合わせ、浅きに流れ、自分をだめにしていく青年もいる。志《こころざし》なく、哲学なきゆえである。

環境に支配されるのか、自分が環境を支配していくのか――そこに人間の戦いがある。

誰よりも懸命に働き、そして、能率を上げ、よい仕事をするために、研究、工夫《くふう》していくことです。そのための強い生命力と智慧《ちえ》を涌現《ゆげん》していくのが信心であり、唱題なんです。

◆◆

仕事である限り、大変な労働もあれば、人間関係の問題など、苦労もたくさんあるでしょう。しかし、職場は自分を磨《みが》く人間修行の場であるととらえることです。そこで頑張り抜いて、職場の第一人者になり、周囲の人びとの信頼を勝ち取っていくことが大事なんです。

◆◆

人には、必ず失敗があるものだ。失敗は、恥《はじ》ではない。そのことで落ち込んでしまい、くよくよして、力《ちから》を発揮《はっき》できない弱さこそが恥なのだ。また、同じ失敗を繰り返すことが恥なのだ。

失敗があったら、深く反省し、そこから何かを学ぶことだ。

そして、二度と同じ過《あやま》ちを繰り返さないことだ。さらに、それをバネにして、大きな成長を遂《と》げていくのだ。

その時、失敗は財産に変わるのである。

◆◆

誰人《たれびと》の人生にも、また、どんな戦いにも、必ず「行き詰まり」を感じる時があります。

しかし、行き詰まった時こそ、自身の信心が試されているのであり、「勝負の時」にほかならない。

大事なことは、常に前進の方向へ一念を定めることとです。壁を乗り越える挑戦自体が、自身の境涯《きょうがい》を確実に広げていく因《いん》となることは間違いありません。

「未来」といっても、「今」から始まる。

「世界」といっても、「ここ」から広がる。

「今」この時に、いかに手を打つか。

「ここ」の地盤《じばん》を、いかに固めゆくか。

その地道な行動の連続以外に、社会を変え、時代を変える偉大な力《ちから》はないのである。

いちばん地味であることが、いちばん成長できることである。木も、少し眺《なが》めただけでは、伸びているかどうか、わからない。しかし、十年、二十年と時を経れば、若木は見事な大樹《たいじゅ》となる。

「きょう」を勝つことだ。「ここ」で勝つことだ。

誠実な対応で心を結ぶ

大事なことは、どこまでも「誠実」であるということです。

外交といっても、相手に〝この人なら人間として信じられる〟と思わせることができるかどうかです。それは、社交上の小手先《こてさき》の技術などではなく、誠実さ、真剣さによって決まる。

また、「根気《こんき》」「粘《ねば》り強さ」が大切です。

こちらが対話を求めても、時には、拒絶《きょぜつ》されたり、たとえ会えても、誤解が解《と》けずに終わることもあるでしょう。そうした場合には、根気強く挑戦を重ねていくことです。

本来、外交というのは、一度や二度で思い通りの結果が出るほど、甘いものではない。

壁が厚ければ、厚いほど、闘志を燃え上がらせて、粘り強く立ち向かっていくんです。心ある相手は、それを、じっと見ているものなんです。

◆◆

戸田《とだ》先生はよく青年に「外交というものを自分の一生の地盤《じばん》にすることだ。立派な人間としての大外交をしていきなさい」と言われた。

閉ざされた青年であってはならない。内外を問わずどんどん人と会い、人と対話せよ！　人の心をつかみ、味方をつくれ！　すべてが自分自身の訓練となり、財産となる

――これが戸田先生の励ましであった。

◆◆

戸田先生は、こうも言われていた。

「信頼や友好を結ぶのは、簡単なことではない。しかし、人間として、誠実に、人の

三倍の努力をすれば、必ず心は通じる。その地道な戦いこそが、最も堅実な勝利の道なのである」

友情こそ、人生の宝である。自分から心を開いていくのだ。

気取らず、飾らず、どこまでも誠実に、信頼の心を通わせていくことである。

◆◆

「言葉づかいというものは気をつけねばならぬ。聞くほうも、言うほうも、感情のもつれは言葉づかいから起こることが多いから、気をつけねばならぬ」

これも戸田先生が常々、おっしゃっていた。「言葉」で、人の「心」は動く。

◆◆

私は、戸田先生の会社で働いていた時、人を出迎え、見送るにはどうすればいいかを、徹底的に教わった。

どんな相手であれ、丁寧《ていねい》に、誠実に対応してきた。

時間通りに来られた方を待たせたり、別れ際、先方がお辞儀《じぎ》をしているのに、こちらが早々に立ち去ったり、そんな態度は論外《ろんがい》である。

そういう基本をわきまえず、ただ威張《いば》っているだけの人間は、必ず失敗する。

私はこれまで、たくさんの人に会ってきた。今も、そうである。

誠実に相手を迎え、見送る。その模範《もはん》を率先《そっせん》して示していくように、努力している。

これも、すべて戸田先生から学んだことだ。

口《くち》ではない。行動である。結果である。事実である。

一旦、約束したことは必ず実行する――これが私と戸田先生の精神である。また国際社会における信義の根幹でもある。

◆◆

私は世界に多くの友人をもっているが、一流の人は皆、約束を違《たが》えない。私も、同じ信念できた。だから互いに安心し信頼できる。ゆえに、多くの友情が花開き、実を結んできた。

「約束を守る人」が人間として一番偉い人である。「誓いを果たす人」が、一番苦しそうに見えて、一番幸福な人である。

◆◆

「約束を守る人」かどうか。人物を見極める基準は、この簡潔な一点に尽きる。口先《くちさき》であれこれ言うことは、たやすい。だが、実際に行動したのか。現実に成《な》し遂《と》げたのか。その実相で決まる。

「若き日の約束を果たしました」と報告をくれる友の顔《かんばせ》は、尊貴《そんき》な誇《ほこ》りに光っている。約束こそ、人物を測る物差しだ。これが、世界の多彩《たさい》な人々と交流を重ねてきた、私の一つの結論といってよい。

仕事と活動の両立

仕事が忙しいと、〝いつか暇《ひま》になったら、学会活動に励もう〟と考えてしまいがちです。しかし、それは間違いです。どんなに多忙であっても、自分のできることを精いっぱいやっていくんです。というのは、信心が後退すれば、仕事の面でも、行き詰まりが生じてしまうからです。

日蓮大聖人《にちれんだいしょうにん》は、「仏法は体《たい》のごとし世間《せけん》はかげのごとし体曲《まが》れば影《かげ》ななめなり」（御書九九二ジペー）と仰《おお》せになっています。体である信心が確立されてこそ、その影である仕事をはじめ、世間のことも、順調に進んでいくんです。

◆◆

妙法《みょうほう》を持《たも》って、懸命《けんめい》に広宣流布《こうせんるふ》に戦っている人は、仕事の面でも、成功することは間《ま》違《ちが》いありません。

どんなに忙しくとも、信心だけは、『真面目《まじめ》に！　真面目に！　真面目に！』――これでいくんです。これしかありません。長い目で見た時には、適当《てきとう》に手を抜いてきた人と、真面目に戦い抜いてきた人との差《さ》は、怖《こわ》いほど明《あき》らかです。

◆◆

皆さま方は、この荒れ狂う社会の第一線で、「私こそ創価学会である」との誇《ほこ》りも高く、厳然と戦い抜いてくださっています。

「法華《ほっけ》を識《し》る者は世法《せほう》を得《う》可《べ》きか」（御書二五四ジベー）との仰《おお》せを、だれよりも深く拝《はい》しゆかれる皆さま方の活躍と勝利の姿こそ、広宣流布の偉大なる原動力です。

◆◆

ともかく職場で実証を示し、なくてはならない人になることが大事です。

同時に、創価学会の組織こそ、自分が根を張る大地であると、心を定《さだ》めることです。人間的成長を図《はか》り、幸福境涯《きょうがい》を築いていくための養分《ようぶん》は、学会という大地から吸《す》い上げていく以外にありません。

したがって、何があっても、学会の組織から離れないことが肝要《かんよう》です。

◆◆

皆さま方は、信心を根本に、あくまでも「仕事優先」「仕事第一」で前進していただきたい。活動になかなか出られない場合も、当然ある。自営の方々のご苦労も、並大抵《なみたいてい》ではない。周囲の同志は、そうした状況を、よく理解して差しあげることが大事である。

その人が大変なときこそ、皆で祈り、皆で励まし、皆で包容し、守り合い、支え合っていく――これが、創価学会の人間共和の世界だからである。

社会で光る　「桜梅桃李」の勝利劇を

発行日　二〇一九年一月二日

編　者　創価学会社会部

発行者　松岡　資

発行所　聖教新聞社
〒一六〇-八〇七〇　東京都新宿区信濃町一八
電話〇三-三三五三-六一一一（大代表）

印刷・製本　図書印刷株式会社

＊

落丁・乱丁本はお取り替えいたします

定価はカバーに表示してあります
ISBN 978-4-412-01649-1